LE

CHANSONNIER

DU JEUNE AGE.

~~~

IMP. DE LA COLONIE DE CITEAUX.

LE
CHANSONNIER du JEUNE AGE

CHANSONS ET ROMANCES

CHOISIES AVEC LE PLUS GRAND SOIN.

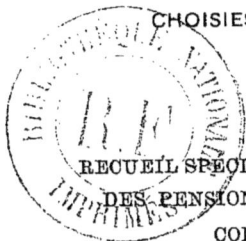

RECUEIL SPÉCIALEMENT DESTINÉ A LA JEUNESSE
DES PENSIONNATS, ATELIERS, FERMES-ÉCOLES,
COLONIES AGRICOLES, ETC.

ENRICHI DE PLUSIEURS CHANSONS INÉDITES.

Dans tes chansons toujours joyeuses,
Petit oiseau que chantes-tu ?
—Je chante mes plumes soyeuses,
Ma liberté, mon bois touffu.
Je chante l'astre qui rayonne,
Le nid objet de mes amours;
Je chante le Dieu qui me donne
Le grain de mil et les beaux jours.

COLONIE DE CITEAUX
(Côte-d'Or)
1876.

L'EXILE DE FRANCE.

Refr. Adieu, belle patrie,
Où je reçus le jour;
Adieu, terre chérie,
Objet de mon amour.

Souvenir, espérance,
Voilà tout mon bonheur;
Mais te revoir, ô France,
Peut seul calmer mon cœur.

Loin de ma tendre mère,
Hélas! j'ai dû partir.
Dans la douleur amère,
Me faudra-t-il mourir?

O divine espérance,
Tu ranimes mon cœur.
Tu me rends à la France,
A ma mère, au bonheur.

Salut, belle patrie,
Où je reçus le jour;
Salut, terre chérie,
Objet de mon amour.

———

ADIEU DE L'ÉCOLIER A SA FAMILLE.

Adieu, ma bonne mère,
Adieu, mon petit frère,
Ne pleurez pas.
Mon âme est attendrie,
Mais une autre patrie
M'attend là-bas.

J'y trouverai des pères,
Et d'autres petits frères,
  Qui m'aiment tous.
Ah! sans cette espérance,
Quelle longue souffrance
  Si loin de vous!

Pour me tirer de peine,
Une fois par semaine,
  Vous m'écrirez.
Quand on n'est plus ensemble,
Hélas! toujours il semble
  Que vous souffrez.

Donnez à ma serine
Que mon départ chagrine,
  Chanvre et millet.
Arrosez mon parterre
Et, s'il fait froid, qu'on serre
  Mon bel œillet.

Pour que le ciel m'assiste,
Car, j'ai le cœur bien triste,
  Depuis deux jours;
Faites brûler un cierge,
A l'autel de la Vierge,
  Du Bon Secours.

Adieu, nos promenades!
Et mes pauvres malades,
  Qu'ils vont souffrir.
Ma bonne sœur Marie,
Va souvent, je t'en prie,
  Les secourir.

Je veux être bien sage,
Plein d'ardeur à l'ouvrage,
  Avoir la croix.
Et je veux qu'on me donne,
Deux prix, une couronne,
  Après dix mois.

———

ADIEU MON BEAU NAVIRE.

Refr. Adieu, mon beau navire,
  Aux grands mâts (*bis*) pavoisés;
  Je te quitte et puis dire:
  Mes beaux jours (*bis*) sont passés.

Toi qui, plus fort que l'onde,
En sillonnant les flots,
A tous les bouts du monde,
Portais nos matelots;
Nous n'irons plus ensemble
Voir l'équateur en feu,
Mexique où le sol tremble,
Et l'Espagne au ciel bleu!. Adieu.

Quand éclataient la nue
Et la foudre à nos yeux;
Lorsque la mer émue
S'élançait jusqu'aux cieux.
Sous nos pieds, sur nos têtes,
Quand grondaient mer et vent,
Entre ces deux tempêtes,
Tu passais triomphant.

Plus de courses paisibles,
Où l'espoir rit au cœur;
Plus de combats terribles,
Dont tu sortais vainqueur.

Et d'une main hardie,
Un autre, ô mon vaisseau,
Sur la poupe ennemie,
Plantera ton drapeau.

—

L'AGNELET.

Agnelet, à blanche toison,
  Allait en promenade;
Et, folâtrant sur le gazon,
  Faisait mainte gambade.

Et puis, plus hardi dans ses bonds,
  Loin des routes battues,
Il courait par vaux et par monts
  Aux terres inconnues.

Sa mère, en vain, pleine d'émoi,
  Lui disait: « Téméraire,
Arrête! on est bien mieux chez soi,
  Bien mieux près de sa mère. »

L'enfant, sans se laisser toucher
  Par ce cri de tendresse,
Court sur la pente d'un rocher,
  Glisse, tombe et se blesse.

Au bercail il revient boiteux,
  Instruit par sa misère,
Qu'un enfant doit, pour être heureux,
Obèir à sa mère.

LES GUIDES DE BAGNÈRES

Refr. Ah! Bagnerais!
Chantons, chantons, et vive le plaisir!
Entendez-vous au loin les joyeux galoubets
Sur les monts retentir?..
Et le gai refrain
De ce tambourin,
Et la castagnette
Si vive et si coquette...

Déjà l'été, de sa brûlante haleine,
A desséché les bois et les vallons,
Et l'étranger, dans son aride plaine,
Demande en vain de l'ombre et des gazons.
Quand tout languit dans sa triste retraite,
S'il aperçoit, dans un lointain d'azur,
Nos pics neigeux et notre ciel si pur:
Là-bas, dit-il, sont les beaux jours de fête.

Noble étranger, je veux être ton guide,
A moi l'honneur de diriger tes pas;
Le Bagnerais fut toujours intrépide,
Tu dois compter sur son cœur et son bras.
De nos glaciers j'abaisserai la cime,
Je foulerai le sentier du chamois,
Et dans le gouffre, en glissant devant toi,
J'irai sonder les détours de l'abîme.

LES SI ET MAIS DU PARESSEUX.

Le Maître Allons donc, paresseux, du courage!
Assieds-toi, ferme ton bureau.
Si bientôt tu n'as fait ton ouvrage,
Au dîner tu boiras de l'eau.

Le Paresseux. Sans commencer dès à présent,
J'aurai bien le temps suffisant.

On n'y voit goutte dans mon coin,
Et de lunettes j'ai besoin.

On dit que qui trop vite apprit
Plus d'une fois perdit l'esprit.

J'ai la migraine et je crains fort
De l'augmenter par trop d'effort.

Qui travaille trop ardemment
Ne digère pas sûrement.

Je n'ai ni livres, ni papier,
Et le voisin a mon cahier.

Mes plumes ont un mauvais bec
Et mon écritoire est à sec.

J'ai, par malheur, sans le vouloir,
Perdu la note du devoir.

Mais on prétend qu'il ne faut pas
Travailler après le repas.

Mais c'est Dimanche, et l'on nous dit
Que le travail est interdit.

ALLONS, JEUNESSE DU HAMEAU.

Allons, jeunesse du hameau,
Cueillir des palmes immortelles;
Allons, jeunesse du hameau,
Allons chercher un sort plus beau.

Refr. Oui, le peuple nous attend;
Montagnards, soyons fidèles.
Oui, le peuple nous attend,
Montagnards, partons gaîment.

A défendre notre pays,
France, France, tu nous appelles,
A défendre notre pays,
A combattre tes ennemis.

Parmi les foudres des combats,
La gloire a secoué ses ailes;
Parmi les foudres des combats,
Marchons, et volons sur ses pas.

Et nous suspendrons nos lauriers,
Bénis par les mains paternelles,
Et nous suspendrons nos lauriers,
Près de la croix de nos foyers!

LA BARCAROLLE DE LA MUETTE

Amis, la matinée est belle,
Sur le rivage assemblez-vous;
Montez gaîment votre nacelle,
Et des vents bravez le courroux.

Refr. Conduis ta barque avec prudence,
    Pêcheur, parle bas!
Jette tes filets en silence,
    Pêcheurs, parle bas!
Le roi des mers ne t'échappera pas.

Sur cette mer quoiqu'orageuse,
Voguez, pêcheur, ne craignez rien.
Dans une action périlleuse,
Il faut voguer en vrai marin.

L'heure viendra, sachons l'attendre;
Plus tard nous saurons la saisir.
Le courage fait entreprendre,
Et l'adresse fait réussir.

—

MON ROCHER DE SAINT-MALO.

A tout je préfère
Le toit de ma mère,
Mon rocher de Saint Malo,
Que l'on voit sur l'eau.
Monsieur Duguay m'a dit: Pierre,
Veux-tu venir avec moi?
Tu seras homme de guerre,
Montant la flotte du Roi;
Va, laisse-là ton hameau
Pour ton grand vaisseau,
    Si beau!....
Non, non, je préfère, etc.

Après combats et naufrage,
De simple mousse du Roi,
Tu deviens à l'abordage,
Grand amiral comme moi!
Et tu verras les climats

Où vogue mon beau trois-mâts.
Non, non, je préfère
A toute la terre,
Mon rocher de Saint-Malo
Que l'on voit sur l'eau!
De loin, sur l'eau!

Au lieu de vieillir sans gloire,
Comme un obscur paysan,
On meurt un jour de victoire;
Pour tombe on a l'Océan!
Et du brave, le requin
Prend le corps pour son butin!...
Non, non, je préfère
Qu'ici l'on m'enterre,
Au rocher de Sain-Malo
Que l'on voit sur l'eau!
De loin, sur l'eau!

___

MARCHE.

Au bruit du tambour et du chant,
On s'anime en marchant,
Rataplan!
Si le chemin est déplaisant,
On l'abrége en faisant,
Rataplan!
Le tambour-major fièrement
Ordonne un roulement,
Rataplan!
Marchons au pas gaîment,
Rataplan!
Un, deux, un, deux, plan, rataplan!

A droite, à gauche, alignement,
Vite au commandement.

Rataplan!
Le Colonel, flamberge au vent,
Vient et crie: En avant!
Rataplan!
Et du pied gauche au même instant,
On part, tambour battant,
Rataplan!
Marquons le pas gaîment,
Rataplan!
Un, deux, un, deux, plan, rataplan!

Sous les drapeaux du régiment,
Le service est charmant,
Rataplan!
Tout bon troupier au maniement
S'exerce joliment,
Rataplan!
Et si l'on est intelligent,
On deviendra Sergent.
Rataplan!
Pressons le pas gaîment,
Rataplan!
Un, deux, un, deux, plan, rataplan!

Mais un beau jour, rompant les rangs,
Les soldats vétérans,
Rataplan!
Reviendront travailler aux champs,
En bêchant et fauchant,
Rataplan!
Et raconter à leurs enfants
Leurs exploits triomphants,
Rataplan!
Serrons le pas gaîment,
Rataplan!
Un, deux, un, deux, plan, rataplan!

MA PETITE MAISON.

Au fond de la vallée
Est ma pauvre maison,
Par les arbres voilée
Dans la belle saison.
Al'humble toit de chaume,
Que j'ai souvent pleuré,
Il n'est point de royaume
Que j'eusse préféré.

Voici la croix de pierre
Sur le bord du chemin,
Où je fais ma prière
Le soir et le matin.
Ces deux arbres antiques,
Allongeant leurs rameaux,
Elèvent des portiques
Où chantent les oiseaux.

Je franchis la barrière
De mon petit enclos;
C'est là qu'est ma chaumière,
C'est là qu'est le repos.
Je suis las, je chancelle,
Parcourant mon réduit,
Comme fait l'hirondelle
Qui revient à son nid.

J'entends de ma fenêtre
Le rossignol des bois,
Dans les branches du hêtre,
C'est la première fois.
Son chant, c'est la prière
Qu'il veut donner à Dieu;
Rêveur et solitaire,
Il se plaît en ce lieu.

LA PATRIE.

Le Pâtre.

Au pays comme il fait beau!
Lorsque du matin nouveau
Le rayon blanchit la plaine,
Et qu'aux bords de la fontaine
S'en va paîssant mon troupeau;
Au pays comme il fait beau!

Le chevrier de la montagne.

Au pays comme il fait beau!
Quand du ciel le clair flambeau
Des monts vient dorer les cîmes,
Quand le jour sur les abîmes
Etend son brillant réseau;
Au pays comme il fait beau!

Le pâtre.

Ah! que mon pays est beau!
Lorsqu'au bois chante l'oiseau,
Quand fleurit la marguerite,
Et qu'un doux gazon m'invite
A m'endormir sous l'ormeau;
Ah! que mon pays est beau!

Le chevrier de la montagne.

Ah! que mon pays est beau!
Aux ravins de ce coteau
La cascade tombe et gronde,
Et des rocs blanchis par l'onde,
Je vois pendre mon chevreau:
Ah! que mon pays est beau!

Le pâtre.

Au pays comme il fait beau!
Sous les feuilles du rameau,

Doucement l'air y frissonne,
Doucement aux prés rayonne
Le cristal de mon ruisseau;
Au pays comme il fait beau!

Le chevrier de la montagne.

Au pays comme il fait beau!
Quand l'hiver d'un blanc manteau
Vient couvrir les roches nues,
Les pics, les forêts chenues,
Et les chalets du hameau;
Au pays comme il fait beau!

Le pâtre.

Au pays que tout est beau!
La chaumière et le château,
La chapelle où le cœur prie,
Et le lac dans la prairie
Déployant sa nappe d'eau:
Au pays que tout est beau!

Le chevrier de la montagne.

Au pays que tout est beau!
Dans les hauteurs du plateau
L'aigle plane sur ma tête,
Et sous mes pieds la tempête
Roule son mouvant tableau:
Au pays que tout est beau!

Ensemble.

Au pays comme il fait beau!
C'est là que fut mon berceau;
Là, l'exemple de mon père,
Le sourire de ma mère,
Là, doit être mon tombeau:
Au pays comme il fait beau!

L'ARBRISSEAU DU VALLON.

Au pied d'un coteau solitaire,
Que baigne un limpide ruisseau,
On voit grandir, flexible et fière,
La tige d'un jeune arbrisseau.
Et le flot qui passe l'admire;
Zéphir lui donne un frais baiser;
Et le vallon semble sourire,
Philomèle prophétiser.

Refr. Au pied du coteau solitaire,
Tu grandiras, près du ruisseau,
Et la vallée, heureuse et fière,
Te bénira, jeune arbrisseau.

Ainsi dans l'humble Colonie,
L'enfant, près du sein paternel,
Passe le matin de sa vie
Entre le travail et l'autel.
D'un père la douce parole
Exhorte, anime à la vertu,
Sèche les pleurs, calme, console,
Relève le cœur abattu.

Ici notre tête s'incline,
Nous apprenons à respecter
Le Maître dont la voix divine
A droit de se faire écouter.
Mais qu'ailleurs gronde son tonnerre,
Qu'il épouvante les humains:
Dieu pour nous, c'est l'ami, le père
Des pauvres et des orphelins.

Ici, de chaque jour la vie
Est d'un charme délicieux;

Sans cesse elle aspire ravie
La brise qui lui vient des cieux.
Est-ce un pur rayon de l'aurore
Qui fait la beauté de ce lieu?
Ou bien la grâce qui décore
Les fronts qu'a bénis le bon Dieu?

Arbrisseau qui grandis à l'ombre,
Ah! quel sera ton sort, un jour?
Un jour le ciel deviendra sombre
Et la tempête aura son tour!
Attache, attache ta racine
Au sol qui t'a donné le jour:
Au Dieu qui vit dans ta poitrine,
Enfant, conserve ton amour.

—

LE PATRE MATINAL.

Au point du jour, je mène, la la la....
Mes vaches dans la plaine, la la la...
Tandis qu'au loin l'abeille
Vole aux fleurs du buisson,
Et que l'aube vermeille
Sourit à la moisson.
La la la, ...

Au point du jour, je chante
Ma romance touchante;
La génisse superbe,
Errante dans les champs,
S'arrête et laisse l'herbe,
Pour écouter mes chants.

Au point du jour, j'écoute
Les tilleuls de la route;
J'entends l'eau qui bouillonne

En tombant du rocher,
Et l'airain qui résonne
Au sommet du clocher.

Au point du jour je rêve,
Quand la brise se lève,
Quand les oiseaux gazouillent
Sous l'ombrage incertain,
Et que les fleurs se mouillent
Des brouillards du matin.

—

AUX MONTAGNES.

Aux montagnes, aux montagnes,
Mon œil plonge aux cieux ouverts;
Je domine les campagnes,
Je suis roi de l'univers.
Lorsqu'en bas la nuit encore
Lutte avec la pâle aurore,
Le soleil, de ses splendeurs,
Illumine les hauteurs.

Refr. Aux montagnes, aux montagnes,
Mon œil plonge aux cieux ouverts;
Je domine les campagnes,
Je suis roi de l'univers.
La, la, la, la . . . .

Vois, ami, ces blanches crêtes,
Que revêt un jour si pur:
Là haut, l'aigle sur nos têtes
Plane dans les champs d'azur;
D'une plus puissante haleine,
J'y sens ma poitrine pleine.
Là, j'aspire en liberté
Et la force et la gaîté.

Sur ces monts au front sublime,
Viens, ami, courons, volons:
L'homme est géant à leur cime,
Il est nain dans les vallons.
Vois en bas que tout est grêle!
La tour semble une tourelle,
Le grand fleuve est un ruisseau,
Et le chêne un arbrisseau.

Vivre au creux de ces campagnes,
C'est ne vivre qu'à moitié;
Si la joie est aux montagnes,
La tristesse est à leur pied.
Ah! laissons au fond des plaines
Et leurs brumes et leurs peines;
Sur les pics audacieux,
L'homme est plus voisin des cieux.

———

VIE DU CHASSEUR.

Avec ma gibecière,
Je cours bois et bruyère,
Alerte et plein d'ardeur;
J'attaque, à perdre haleine,
Et terrier et garenne;
Car je suis franc chasseur,
Halli, hallo, halli, hallo!
Car je suis franc chasseur.

Je chasse et je pourchasse
La grive et la bécasse,
Le lièvre et le chevreuil;
Ma charge est sûre et forte,
Toujours ma balle porte,
Car j'ai bon pied, bon œil;
Halli, hallo, halli, hallo,
Oui, j'ai bon pied, bon œil.

Pour ma journée entière,
J'ai mon flacon de bière,
Du lard et du pain noir;
Mon chien, le ventre vide,
D'un élan plus rapide,
Me suivra jusqu'au soir.
Halli, hallo, halli, hallo,
Me suivra jusqu'au soir.

Ainsi gaîment j'assiége,
Sous la pluie ou la neige,
Renard ou sanglier.
Et quand je cours ou frappe,
Le temps vole et s'échappe,
Sous les pas du gibier.
Halli, hallo, halli, hallo,
Sous les pas du gibier.

—

LE RETOUR A BAGNÈRES.

Refr. Bagnères,
Bagnères,
Séjour de plaisir et d'amour!
Patrie
Chérie,
Me voici de retour!

J'ai visité le monde et ses merveilles;
J'ai parcouru les palais de nos rois;
O mes amis, à des splendeurs pareilles,
Jamais mon cœur ne s'émut une fois.
Le souvenir de nos chères montagnes
Seul me charmait sous ces sombres lambris;
Bords de l'Adour, vos riantes campagnes
Valent tout l'or que l'on montre à Paris.

Oui, les voilà ces compagnons d'enfance,
Dont autrefois je partageais les jeux;
De ces beaux jours avez-vous souvenance?
O Montagnards, que nous étions heureux!
Rien n'est changé, je te retrouve encore,
Pic du Midi, nous irons te revoir;
Place d'Uzès, l'honneur de la Bigorre,
A tes échos nous chanterons ce soir.

Quand l'étranger, vers nos sources brûlantes,
Viendra puiser la santé, le bonheur:
Ah! que toujours de ces eaux bienfaisantes
Le souvenir soit gravé dans son cœur.
Chaque printemps, parmi nous qu'il revienne,
Et que, séduit par l'aspect de ces lieux,
Dans sa mémoire à jamais il retienne
Et notre accueil et nos refrains joyeux.

AU SOLEIL COUCHANT.

Beau soleil que j'aime,
Ton adieu du soir,
Ton regard suprême,
Si limpide à voir.

Quand sur la colline
Tu descends en roi,
Je rève et m'incline
Humble devant toi.

Dieu, qui de lumière
La-haut te vêtit,
Me fit de poussière
Moi, pauvre petit.

Mais celui qu'enflamme
Une sainte ardeur,
Trouve dans son âme
Et force et grandeur.

Tu luis dans l'espace
Sans songer au Dieu
Qui ceignit ta face
De rayons de feu.

Moi, chétif, je pense,
Et viens chaque jour,
Au Dieu que j'encense
Offrir mon amour.

--

BERGERS DU HAMEAU.

Bergers du hameau,
Laissez-vous conduire;
Bergers du hameau,
Tout le long de l'eau!
Gai! gai! le temps est frais,
Oh! qu'il est bon l'air qu'ici l'on respire!
Gai! gai! le temps est frais,
Oh! qu'il fait bon sous ces saules épais!

Bergers du hameau,
Ma barque est jolie;
Bergers du hameau,
Le temps est si beau!
Gai! gai! le temps est frais,
Je vogue en paix vers la rive fleurie,
Gai! gai! le temps est frais,
Oh! qu'il fait bon sous ces saules épais!

Joyeux matelots,
Ma barque légère,
Joyeux matelots,
Glisse sur les flots.
Gai! gai! le temps est frais,
Dans un moment nous toucherons la terre.
Gai! gai! le temps est frais,
Oh! qu'il fait bon sous ces saules épais!

C'est le doux zéphyr
Qui conduit la voile;
C'est le doux zéphyr
Dont tu vas jouir.
Gai! gai! le temps est frais;
Du nautonnier voilà la douce étoile;
Gai! gai! le temps est frais,
Oh! qu'il fait bon sous ces saules épais.

Dans ce lieu charmant,
Sous ce frais ombrage,
Dans ce lieu charmant,
Chantons doucement:
Gai! gai! le temps est frais,
Ne craignons point la fureur de l'orage,
Gai! gai! le temps est frais,
Oh! qu'il fait bon sous ces saules épais!

Chantez le refrain:
Que la nuit est belle!
Chantez le refrain,
Et ne craignez rien.
Gai! gai! le temps est frais;
Le vent du soir poussera ma nacelle;
Gai! gai! le temps est frais,
Oh! qu'il fait bon sous ces saules épais!

Là-bas sur le port,
Ta mère chérie,
Là-bas sur le port,
Te demande encor;
Gai! gai! le temps est frais,
Nous arrivons vers la rive fleurie,
Gai! gai! le temps est frais,
Oh! qu'il fait bon sous ces saules épais!

Sur nous dans ces lieux,
O Reine chérie,
Sur nous dans ces lieux,
Ah! jetez les yeux!
Gai! gai! le temps est frais,
Au gouvernail est la bonne Marie.
Gai! gai! le temps est frais,
Oh! qu'il fait bon sous ces saules épais!

—

L'ABEILLE.

Bour, bour, bour, bourdonne à l'entour.
Sur la rose et la jonquille,
Petite abeille gentille,
Bour, bour, bour, bourdonne à l'entour.

Bour, bour, bour, bourdonne à l'entour.
Butine au sein des fleurettes,
Ton nectar en gouttelettes;
Bour, bour, bour, bourdonne à l'entour.

Bour, bour, bour, bourdonne à l'entour.
C'est pour nous que tu recueilles
La douce manne des feuilles;
Bour, bour, bour, bourdonne à l'entour.

Bour, bour, bour, bourdonne à l'entour.
  C'est pour nous que tu façonnes
  Tes cellules hexagones;
Bour, bour, bour, bourdonne à l'entour.

Bour, bour, bour, bourdonne à l'entour.
  Dans ta cité, que j'admire,
  Pétris ton miel et ta cire;
Bour, bour, bour, bourdonne à l'entour.

Bour, bour, bour, bourdonne à l'entour.
  Pour que ton miel s'épaississe
  En nonnette, en pain d'épice;
Bour, bour, bour, bourdonne à l'entour.

Bour, bour, bour, bourdonne à l'entour.
  Pour que de ta cire vierge
  J'offre à mon bon ange un cierge:
Bour, bour, bour, bourdonne à l'entour.

—

LES HIRONDELLES.

  Captif au rivage du Maure,
Un guerrier courbé sous les fers,
Disait: Je vous revois encore,
Oiseaux ennemis des hivers;
Hirondelles, que l'espérance
Ramène en ces brûlants climats,
Sans doute, vous quittez la France!
De mon pays ne me parlez-vous pas?

Une de vous peut-être est née
Au toit où je reçus le jour;
Là, d'une mère infortunée
Vous avez dû plaindre l'amour!
Mourante, elle croit à toute heure
Entendre le bruit de mes pas;
Elle écoute, puis elle pleure,
De son amour ne me parlez-vous pas?

Depuis trois ans, je vous conjure
De m'apporter un souvenir
Du vallon, où ma vie obscure
Se berçait d'un doux avenir.
Au détour d'une eau qui chemine
A flots purs, sous de frais lilas,
Avez-vous vu notre chaumine?
De ce vallon ne me parlez-vous pas?

—

LE COUSIN ET L'ARAIGNÉE.

Certain cousin allait rôdant
　Autour d'une araignée;
Mais non sans craindre cependant
　Sa mine refrognée.
Elle rêvait, le regardant,
　Dans son trou rencognée.

Il faut, dit-elle, le flatter
　Et lui donner le change;
S'il aime à s'en laisser conter,
　A coup sûr, je le mange;
Et puis se met à lui chanter
　Louange sur louange.

Elle lui vante sans pudeur
　Sa voix sonore et nette,

Disant qu'elle a, par sa splendeur,
L'éclat d'une trompette;
Et par sa grâce et sa douceur,
Le son d'une musette.

Mais, poursuit-elle, beau mignon,
J'ai l'oreille un peu dure;
Venez me dire une chanson,
J'en battrai la mesure;
Je paîrai même la façon,
S'il faut, avec usure.

La fourbe sait accompagner
Ces mots d'un air si tendre,
Que l'étourdi, sans répugner,
S'avance et.... se fait prendre.
De tout flatteur doit s'éloigner
Qui ne sait s'en défendre.

—

L'HIRONDELLE D'HIVER.

Refr. C'est moi le petit qui ramone;
C'est moi qui ramone;
Faites du feu;
Qu'il gèle un peu;
C'est la moisson que le ciel donne,
Oui, que le ciel donne
Au pauvre enfant de Dieu.

L'hirondelle frileuse,
Fuit, revient tous les ans,
La belle voyageuse,
Aux doux feux du printemps.
Moi, je reviens comme elle,
Quand le froid glace l'air;
C'est pourquoi l'on m'appelle,
Hirondelle d'hiver.

Chauffez-vous, grande dame,
Ah! oui, chauffez-vous bien.
Ce feu que je réclame,
C'est là mon gagne-pain.
Au foyer prenez place;
Dans la mansarde, hélas!
Quand la bise me glace,
Je ne me chauffe pas.

Habitants de la ville,
Vous attendez toujours
Votre hirondelle agile,
Ramenant les beaux jours;
En pleurant mon absence,
Ma mère attend ainsi,
Le cœur plein d'espérance,
Son hirondelle aussi.

—

LES JEUX DE L'ENFANCE.

C'est fête à l'école!
Allons, mes amis,
Qu'on coure et qu'on vole
Aux plaisirs permis!
Que chacun s'en donne
Dans ce jour charmant;
Et qu'on tourbillonne,
En dansant gaîment.

Aux flancs des montagnes
Egarons nos pas;
Au creux des campagnes
Prenons nos ébats.
Qu'on jette ou qu'on roule
En des jeux rivaux,

Ballon, paume ou boule,
Palets ou cerceaux.

Aux tours de la corde
Plus ou moins pressés,
Le sauteur accorde
Ses pas cadencés;
Aux coins, à la tape,
A colin-maillard,
Heureux qui s'échappe
Ou touche avec art.

Lançons dans l'espace
Le grand cerf-volant,
Ou donnons la chasse
Au sabot roulant.
Au bruit des fanfares,
Signal des combats,
Conduisons aux barres
Nos vaillants soldats.

On court, on s'enlace,
On fuit, on se rend.
Si l'un perd sa place,
Un autre la prend.
Ces jeux sont l'image
Des biens et des maux,
Et l'apprentissage
Des futurs travaux.

———

FRANCE, MA PATRIE.

Chantons, amis, le beau pays de France,
Le doux pays qui nous donna le jour;
Où s'écoula notre joyeuse enfance,
Entre les bras de parents pleins d'amour.

3

Aimons toujours la mémorable histoire
De nos aïeux, de leurs vaillants exploits;
Chantons, amis, les vertus et la gloire
De ces héros, les vengeurs de nos droits!

Aimons le sol que nos robustes pères
Ont fécondé du travail de leurs bras!
Le souvenir de leurs vertus austères
Dans le devoir affermira nos pas.

C'est ton génie, industrieuse France,
Qui donne à tous le signal du progrès!
Fiers de ses arts, jaloux de sa science,
Applaudissons à ses brillants succès!

Aimons surtout l'autel de la patrie
Et que la foi vive dans notre cœur!
Que l'étendard du Christ et de Marie
Marche à côté du drapeau de l'honneur!

—

CHŒUR DE ROBIN DES BOIS.

Chasseur diligent,
Quelle ardeur te dévore!
Tu pars dès l'aurore,
Le cœur content!
L'effroi te devance,
Ton coup est certain;
La douce espérance
Te guide en chemin;
Sensible à la gloire,
Sûr de la victoire,
A qui veut te croire,
Tu lui conteras: Tra la la ....

Poursuis le chamois
Sur les monts, dans la plaine ....
Le cor te ramène
Au fond des bois.
Pour toi, neige et glace
N'ont point de rigueur;
La ruse et l'audace
Te rendront vainqueur.
Oh! douleur amère!
Tu quittes ta mère!
Pour la rendre fière,
Tu lui conteras: Tra la la ....

Quand le soleil dort
Derrière les montagnes,
L'écho des campagnes
Résonne encor!
La meute bruyante
Hurle de fureur,
La proie haletante
Frémit de terreur;
Tremblante, elle passe,
Dévore l'espace,
Tant que la menace
Du cor redira: Tra la la ....

—

LE RÊVE D'UNE MÈRE.

Comme un pêcheur, quand l'aube est près d'éclore,
Court épier le réveil de l'aurore,
Pour lire au ciel l'espoir d'un jour serein....
Ta mère, enfant, rêve à ton beau destin.
Ange des cieux, que seras-tu sur terre?
Homme de paix ou bien homme de guerre,
Prêtre à l'autel ou sur l'onde amiral,
Brillant poëte, orateur, général?
En attendant, sur mes genoux,
Ange aux yeux bleus, endormez-vous!

Son œil le dit, il est né pour la guerre;
De ses lauriers comme je serai fière!
Il est soldat, le voilà général.
Il court, il vole, il devient maréchal!
Le voyez-vous, au sein de la bataille,
Le front poudreux, traverser la mitraille?
L'ennemi fuit, tout cède à sa valeur:
Sonnez, clairons, car mon fils est vainqueur!
  En attendant, sur mes genoux,
  Beau général, endormez-vous!

Mais non, mon fils, ta mère, en ses alarmes,
Craindrait pour toi le jeu sanglant des armes.
Coule plutôt tes jours dans le saint lieu,
Loin des périls, sous le regard de Dieu.
Vois cette lampe à l'autel allumée,
De la prière haleine fortunée;
Vois cet encens qu'avec l'hymne divin
A l'Éternel offre le séraphin!
  En attendant, sur mes genoux,
  Mon beau lévite, endormez-vous!

Pardon, mon Dieu! dans ma folle tendresse,
J'ai de vos lois méconnu la sagesse.
Si j'ai péché, n'en punissez que moi!
J'ai seule en vous, Seigneur, manqué de foi!
Près d'un berceau, le rêve d'une mère
Devrait toujours n'être qu'une prière!
Daignez, mon Dieu, choisir pour mon enfant:
Vous voyez mieux et vous l'aimez autant!
  Et toi, mon ange aux yeux si doux,
  Repose en paix sur mes genoux.

LE RENARD ET LA CIGOGNE.

Compère le renard, un jour, d'un petit mot,
Invita la cigogne à la fortun' du pot:
S'étant donc requinquée, un soir ell' s'y rendit,
Suivant les boulevards pour gagner l'appétit.
Sur l'air du tra la la la ....

[soir!
—Eh! bonsoir, mon compère! — Eh! ma commèr', bon-
Entrez, donnez-vous donc la pein' de vous asseoir:
— Merci, vous êt's bien bon; mais permettez, renard,
Que je pose en un coin mes socqu's et mon rifflard.

Le dîner fut servi sur un très-large plat;
Le renard y prit tout, l'autre n'y tâta pas.
Par ce fait, j'ai vu que, quelqu'affamé qu'on soit,
Pour bien dîner, il faut d'abord avoir de quoi.

— Le repas est frugal, mais vous m'excuserez,
Dit alors le renard: c'est dans votre intérêt;
Car j'ai lu dans l' journal, qu'il règne en ce moment
Un' maladi' de bêt's, qui n' tu pas mal de gens.

Comprenant la malice en voyant le plat sec,
La cigogn' fit un nez aussi long que son bec,
Et ell' dit en sortant « Ah! tu m'as mis dedans!
Mais, quoique sans mâchoir', je te garde une dent. »

Deux ou trois jours après, la cigogn' dit au r'nard:
« D'l'héritag' que j'ai fait, venez prendr' votre part.
Une oi' de Périgueux, ma cousine, en mourant,
Vient d'me léguer son foi' truffé, par testament.»

Le r'nard vient au jour dit: à la cuisine il court,
Et sur chaque cass'role, il se pench' tour à tour.

Et dit à la cigogne, en s' léchant le menton:
«Carême auprès de vous n'était qu'un marmiton.»

Le dîner fut servi dans un vase au long cou:
Le renard n'y prit rien, la cigogne y prit tout;
Et dit, d'un air railleur, au renard consterné:
«Tu m' fis dîner par l'œil, mais tu dîn's par le nez.»

Compère le renard, sans se faire prier,
Dit bonsoir, et gagna la porte et l'escalier;
La cigogn' le suivit en sifflant jusqu'en bas
L'air: « J'ai du bon tabac, mais tu n'en auras pas. »

La moral' de ceci, est que toujours il faut
Éviter les dîners à la fortun' du pot;
Et la second', c'est que, quand on a l' ventre à sec,
Il faut que l'assiett' soit à la mesur' du bec.

—

MAITRE PIERRE.

Refr. Connaissez-vous maître Pierre?
Dites, le connaissez-vous?
Il reste sur la rivière,
C'est le meunier de chez nous.

Oh! quel aimable personnage!
De son moulin il est l'image;
Il boit, il chante comme lui,
Aussitôt que le jour a lui.
Il n'est pas, dans tout son village,
D'homme qui boive davantage;
De plus, il ne boit que du vin,
De peur d'arrêter son moulin.

Il faudrait le voir, le Dimanche,
Avec sa belle veste blanche,
Son teint frais, ses petits yeux gris,

Et son nez couleur de rubis!
Dans son village chacun l'aime:
Aussi n'est-il pas de baptême,
De noces ou d'enterrement,
Où Pierre ne chante gaîment.

Il est adjoint de sa commune:
Dès qu'une affaire l'importune,
Pierre, soudain par un décret,
Se fait conduire au cabaret.
Son âne, un jour, dans la prairie,
Franchit l'enclos, le voisin crie;
Pierre lui dit: « Oh! mon voisin,
Vous n'aimez pas votre prochain. »

Quand sonnera sa dernière heure,
Pierre quittera sa demeure,
Pleuré de tous les environs,
Et surtout par les vignerons.
Je crains, qu'à la fin de l'histoire,
A force de rire et de boire,
Il ne laisse à ses héritiers
Que son verre et ses créanciers.

—

LE RETOUR DU PRINTEMPS

Coucou! coucou! dis-nous pourquoi
        Ta voix touchante
        Soupire et chante,
Chante, chante, pleine d'émoi?

Coucou! coucou! dis-nous: J'attends,
        D'un cri fidèle,
        J'attends, j'appelle
Au bois, au bois, joli printemps.

Coucou! coucou! ce cri si doux
Donne au bocage
Charmant présage;
Vienne, vienne printemps chez nous!

Coucou! coucou! l'hiver s'en va;
Gens du village,
Sous le feuillage,
Dansez, chantez, printemps est là!

—

L'ENFANT A CHEVAL SUR UN BATON.

Da, da, da,
Au pas, mon dada!
Ne va pas, coursier superbe,
D'un bond me coucher sur l'herbe;
Da, da, da, da, da,
Au pas, mon dada.

Trot, trot, trot,
Camarade, au trot!
Que ton audace intrépide
Cède à la main qui te guide;
Trot, trot, trot, trot, trot,
Camarade, au trot.

Hop, hop, hop,
Va, vole au galop!
Par les rocs et les broussailles
Courons ensemble aux batailles;
Hop, hop, hop, hop, hop,
Va, vole au galop.

Doux, doux, doux,
Revenons chez nous!

C'est assez, tu peux m'en croire,
Et de péril et de gloire;
   Doux, doux, doux, doux, doux,
   Revenons chez nous!

UN NID DANS L'AUBÉPINE.

Dans la blanche aubépine
Qui pend à la colline,
Parmi les arbrisseaux:
Dans un nid solitaire,
Sous l'aile d'une mère,
Dormez, petits oiseaux!

Dans les blés de la plaine,
Vous avez votre graine;
Vous buvez aux ruisseaux;
Sous la rose vermeille,
L'aurore vous réveille:
Chantez, petits oiseaux!

Mais, famille chérie,
Votre mère est partie,
Là-bas, dans les roseaux.
Ne chantez plus, peut-être
Elle va disparaître,
O mes petits oiseaux!

Quoi! vous chantez encore!
L'oiseleur, dès l'aurore,
Tendit là ses réseaux!
Silence! il faut vous taire,
Vous n'avez plus de mère!
Pauvres petits oiseaux!

LE PETIT SAVOYARD.

Dans la bourgade lointaine
Un savoyard retournait,
Les pieds nus, vivant à peine
Du pain noir qu'on lui donnait;
Mais, oubliant sa misère,
L'enfant quêtait pour sa mère:
Et chacun glissait un liard
Dans la main du savoyard.

Il disait d'une voix tendre:
« Donnez-moi, je reviendrai;
L'an prochain, sans vous rien prendre,
Pour vous je ramonerai.
Tout fleurit dans vos campagnes:
Je vais revoir nos montagnes. »
Et chacun ....

« Ma mère, à Barcelonnette,
File pour avoir du pain.
Hélas! ma mère est pauvrette,
Donnez, peut-être elle a faim!
J'ai marché depuis l'aurore:
Mais j'irai plus vite encore. »
Et chacun ....

Les bonnes gens du village,
Prévenant son appétit,
Souriant à son courage,
Disaient au pauvre petit:
« Que le bon Dieu te bénisse,
Que ta bourse se remplisse! »
Et chacun ....

LE CIMETIÈRE.

Dans les champs du repos, qu'ils dorment doucement,
Tous ces élus couchés sous de pieux ombrages!
A leurs restes chéris, Dieu verse abondamment
Et le parfum des fleurs et le frais des bocages.

Ici s'éteint la joie et se tait la douleur!
Sous la tombe muette, ils dorment en silence;
En attendant l'appel de l'ange du Seigneur,
Sur leurs froids monuments le cyprès se balance!

Dans cet asile saint, mon vieux père est couché:
J'aime à fouler le sol qui recouvre sa cendre,
Et je dis en mon cœur, humble et le front penché:
« En ces lieux à mon tour, je dois bientôt descendre. »

Alors, si quelqu'ami vient ici, vers le soir,
Près du tertre béni, s'il s'agenouille et pleure,
En pensant à celui qu'un jour il doit revoir:
Mon âme l'entendra du fond de sa demeure.

—

LE JEUNE CHASSEUR.

Debout avant l'aurore,
Je vais me divertir
A loisir!
Il n'est pas jour encore;
Je m'apprête à partir:
Quel plaisir!
J'entends un oiseau,
Un petit oiseau,
Chanter sous l'ormeau,
Et je vais le tenir,
Quel plaisir!

Le plus heureux des êtres,
J'endosse un paletot,
Au plus tôt!
Je boutonne mes guêttres,
Et me voilà lesté,
Ficelé!
Lancés bel et bien
Par voie et chemin,
Mon fusil, mon chien:
Nous voilà tous partis,
Mes amis!

Sans tarder davantage,
Nous allons au coteau,
Sous l'ormeau.
Au travers du feuillage,
J'aperçois mon oiseau
Gras et beau!
Je tends le ressort;
J'ajuste et d'abord....
Il tombe: il est mort;
Et je cours le saisir,
Quel plaisir!

Mais mon fusil rebelle,
Hélas! rate parfois
Sous mes doigts;
Pinson, à tire d'aile,
Fuit, se moque de moi,
Le grivois!
Mais moi, je le suis,
Et je le poursuis,
Et mon chien aussi,
Par les champs et les bois,
Tous les trois!

Je vais, je cours, je sue,
Je me mets aux abois,
Par les bois;
Mais enfin je le tue,
Cet insolent narquois;
Tu le vois;
Je te tiens enfin,
Mon petit coquin;
Tu fuyais en vain,
A présent moque-toi
Donc de moi!

Enfin ma poudrière
Est vide jusqu'au fond,
Tout de bon;
Une faim meurtrière
Rappelle à la maison
Le garçon.
Suivi de mon chien,
Chargé de butin,
Gai, gai, je reviens;
Et voilà du plaisir,
A ravir!

—

LE DÉPART DU MARIN.

Refr. Déjà le vent s'élève;
Et le flot nous soulève:
Courons sur le pont, matelots!
Délions les cordages,
Et voguons sur les flots,
Vers de nouveaux rivages.

Qu'il est heureux, balancé sur les eaux,
Le nautonnier, dans sa chère nacelle,
De ses hasards la compagne fidèle!
Telle, en son nid, la blanche tourterelle
Est balancée aux branches des ormeaux.

Heureux marin, pour grossir ton trésor,
On voit s'unir et l'un et l'autre monde.
Chaque pays en fruits divers abonde:
Pour tes plaisirs, l'Amérique féconde
Produit ses fleurs et ses caciques d'or.

Heureux marin, quand, porté loin du port,
Au sein des mers la vague te promène:
A voir ta barque on dirait une reine,
Qui, sur les flots, commande en souveraine,
Et qui, sans crainte, en son palais s'endort!

———

CHANT DES ASTURIES.

De Mahomet, les légions impies
  Ont renversé partout nos croix;
Et, dans nos villes envahies,
  Le prophète dicte ses lois.
Nobles enfants de l'Ibérie,
  Oui, vous direz tous avec moi:
Liberté pour notre patrie!
  Mourons pour Dieu, pour notre Foi!

Sur un monceau de ruines fumantes,
  Ma mère expira sous leurs coups!
Elle embrassait leurs mains sanglantes,
  Demandant grâce à deux genoux.
Ma main était trop faible encore,
  Je ne pus venger son trépas;

Mais à l'ennemi qu'il abhorre
L'Espagnol ne pardonne pas.

Sur les sommets de la froide Asturie,
Flotte encore un noble étendard:
Pélage, aux cris de la patrie,
A mis la main sur son poignard.
O bonne Dame de Liesse!
Porte à Dieu nos humbles accents,
Et veille, en ces jours de détresse,
Sur l'Espagne et sur ses enfants!

Prends ton élan, ma cavale légère,
La gloire des champs Andalous!
Adieu, cendres de mon vieux père,
Je vais combattre loin de vous!
Dieu le veut, mon pays l'ordonne:
Espagne, mon sang est à toi.
J'entends le clairon qui résonne,
Allons mourir pour notre Foi!

—

LA VIEILLE CHANSONNETTE.

De ma maisonnette,
Par ses doux refrains,
Vieille chansonnette
Bannit les chagrins.

Quand sa ritournelle
Vient nous égayer:
L'espoir, avec elle,
S'asseoit au foyer.

Au jour qui se lève
Exempt de souci,

Au jour qui s'achève
Je chante: Merci!

Bonheur me visite,
Je chante: Bonjour!
L'inconstant me quitte,
Je chante: Retour!

Zéphir me caresse,
Je dis: C'est fort bien!
L'aquilon me blesse,
Je dis: Ce n'est rien!

De ma maisonnette,
Par tes gais refrains,
Viens, ma chansonnette,
Bannir les chagrins.

--

LES DEUX MULETIERS.

Deux muletiers par la nuit claire,
(La lune pâle l'éclairait)
Chevauchaient dans une clairière
Où le vent soufflait, murmurait.
Au bord de la croisière sombre,
Ils avaient pris un voyageur,
Et, pour son or, de coups sans nombre
Tous deux avaient frappé son cœur.

Refr. Drelin! drelin! on nous écoute,
Une ombre nous poursuit sans doute,
Drelin! drelin! en route, en route!

Et les mules trottaient
Et les grelots tintaient.

Une tête énorme de saule
Se dresse alors comme un géant;
Les muletiers courbent l'épaule,
Les mules ont un pas bruyant....
—Mon compagnon, pique ta mule!
Vois le fantôme accusateur!
La peur en mes veines circule:
J'entends marcher le voyageur!

Dans notre poche de l'or sonne,
Sa voix est claire, allons bon train;
Ah! bast! si notre corps frissonne,
Nous noierons la peur dans le vin.
Mais on dirait qu'une cavale
Nous suit, avec son cavalier:
Nous descendons, elle dévale;
Cachons-nous, au fond du hallier.

Deux vers luisants, dans la broussaille,
Jettent leur feu phosphorescent;
Chacun des muletiers tressaille:
—Quel est ce regard menaçant?
Dit le plus jeune avec surprise.
L'autre répond, plein de terreur:
Allons, pique ta mule grise,
Ce sont les yeux du voyageur!

Que les pieds de votre monture
Au silex arrachent du feu!
Partout le remords vous torture,
Partout vous poursuit l'œil de Dieu!
Vers la tombe qui vous réclame,

4

Courez toujours en frémissant:
Sur l'aile noire de votre âme,
Dieu verra des taches de sang!

—

DORS MON ENFANT.

Dors, mon enfant, sur mes genoux, repose;
Dors bien longtemps de cet heureux sommeil:
Je ne veux pas même qu'un pli de rose
Puisse hâter d'un instant ton réveil.
Que le Seigneur te donne, ô mon bel ange,
Tous les bonheurs qu'a rêvés mon amour;
Dors, mon enfant, car ici-bas tout change,
La nuit est sombre après le plus beau jour!

Dors, mon enfant, le regard de ta mère
Veille sur toi, toi mon plus cher trésor;
Garde toujours sous ta longue paupière
Ce frais sourire et ces beaux songes d'or.
Notre destin en ce monde est étrange:
Il faut aimer et souffrir tour à tour!
Dors, mon enfant, ...

Dors, mon enfant, dormir est douce chose,
La vie est courte et les destins trompeurs:
Sur l'avenir souvent on se repose,
Et l'avenir n'apporte que douleurs.
Il n'est, hélas! de bonheur sans mélange:
Nul n'est heureux longtemps en ce séjour!
Dors, mon enfant, ...

—

ENFANTS N'Y TOUCHEZ PAS.

Du nid charmant
Caché sous la feuillée,

Cruels petits lutins, à la mine éveillée,
              Du nid charmant
              Caché sous la feuillée,
Hélas! pourquoi faire ainsi le tourment?

Refr. Ce nid, ce doux mystère,
              Que vous guettez d'en bas,
C'est l'espoir du printemps, c'est l'amour d'une mère:
              Enfants, n'y touchez pas!

              Qui chantera
              Dieu, la brise et les roses,
Méchants, si vous tuez ces jeunes voix écloses?
              Qui chantera
              Dieu, la brise et les roses?
    Autour d'ici, tout s'en attristera!

              Dieu seul a droit
              Sur tout ce qui respire:
Ne pouvant rien créer, il ne faut rien détruire.
              Dieu seul a droit
              Sur tout ce qui respire:
Beaux maraudeurs, prenez garde, il vous voit!

              Laissons, laissons,
              Les bouquets à leur tige,
A l'air qu'il réjouit l'insecte qui voltige.
              Laissons, laissons,
              Les bouquets à leur tige,
Aux bois leur ombre et les nids aux buissons!

L'ENFANT DE LA PRAIRIE.

              Enfant de la prairie,
              Chante dans ces beaux jours,

Le bonheur de la vie
Ne dure pas toujours.
Les pleurs à ta paupière,
Ne sont jamais venus;
Il te reste une mère,
Et moi je n'en ai plus!

Agneau de la campagne,
Exemple de douceur,
Sur la verte montagne,
Broute la tendre fleur,
Aux pieds de ta bergère
Aux accents si connus.
Il te reste ....

Oiseau, de ton ramage
Amuse les enfants;
Au milieu du feuillage
Chante le frais printemps:
La forêt tout entière
Redit tes chants aigus.
Il te reste ....

Et toi, petite abeille,
Modèle du bonheur;
L'aurore te réveille,
Exemple de douceur.
Tu vas sur la bruyère,
Disant: Aime Jésus.
Il te reste ....

LE CHARLATAN.

En paraissant sur cette place,
Votre serviteur, est porteur

D'un remède très-efficace,
Dont lui seul est le possesseur.
Ne croyez pas que, s'il se vante,
Il soit guidé par l'intérêt:
Servir l'humanité souffrante
Tel fut en tous temps son projet.

Refr. Ayez croyance
　　En ma science,
Non, messieurs, jamais je ne mens:
Je suis un arracheur de dents.

Dans la foule qui m'environne,
Et surtout parmi les enfants,
J'ose dire qu'il n'est personne
Qui n'ait souffert du mal de dents;
Cette douleur contre laquelle
Tout échoua jusqu'à présent,
La vertu de ma poudre est telle
Qu'elle l'enlève en un instant!

Avez-vous une dent gâtée?
Prenez de ma poudre à l'instant!
Et, sur la partie affectée,
Etendez-la légèrement.
Dans l'espace d'une seconde,
S'il reste la moindre douleur,
Je consens, devant tout le monde,
Que l'on me traite d'imposteur!

Mais il deviendrait inutile
De vous amuser plus longtemps;
Messieurs, il vous est trop facile
De vous convaincre si je mens.
N'ayez aucune défiance,
Je suis certain de vous guérir;

Donnez-moi votre coufiance,
Approchez, faites-vous servir!

—

JEANNE D'ARC.

Refr. Gémissez, bois de Vaucouleurs,
Gémis, écho de la vallée,
Et va porter à l'exilée
Le souvenir de la patrie en pleurs.

Elle grandissait belle et fière,
C'était l'orgueil de nos hameaux,
Quand l'accent d'une voix guerrière
Vint l'arracher à ses troupeaux.
On vit étinceler son glaive,
On vit flotter son étendard,
C'est le bras de Dieu qui se lève,
Et l'Anglais fuit de toute part.

Hélas! à cette illustre vie,
Riche de gloire et d'avenir,
Naguère nous portions envie,
Et voilà qu'elle va finir!
Un noir cachot, de lourdes chaines,
Au lieu de ce beau ciel d'azur!
L'outrage, le mépris, les haines
Pour un front si doux et si pur!

Adieu donc, ô riant bocage,
Pour son retour garde tes fleurs;
Oiseaux, à votre doux ramage
Mêlez un nom cher à nos cœurs.
Ce nom à l'écorce d'un chêne
Notre main veut le confier;

Sur la victime de la haine
La France un jour viendra prier.

L'HIRONDELLE DU PRISONNIER.

Hirondelle gentille,
Voltigeant à la grille
        Du cachot noir!
Vole, vole sans crainte,
Autour de cette enceinte,
        J'aime à te voir.

D'où viens-tu? Qui t'envoie
Porter si douce joie
        Au condamné?
Oh! riante compagne,
Viens-tu de la montagne
        Où je suis né?

Viens-tu de la patrie,
Eloignée et chérie,
        Du prisonnier?
Fée aux luisantes ailes,
Conte-moi des nouvelles
        Du vieux foyer!

Oh! dis-moi si la mousse
Est toujours aussi douce!
        Et si parfois,
Au milieu du silence,
Le son du cor s'élance
        Du fond d'un bois?

Dis-moi si l'homme espère
Encor sur cette terre,

Quelques beaux jours!
Si la blanche aubépine,
En haut de la colline,
Fleurit toujours?

Il pleut, la nuit est sombre,
Le vent souffle dans l'ombre
De la prison.
Hélas! pauvre petite,
As-tu froid? Entre vite
Au noir donjon.

Tu t'envoles! j'y songe:
C'est que tout est mensonge,
Espoir trompé.
Il n'est dans cette vie
Qu'un bien digne d'envie:
La liberté!

—

MON ANGE GARDIEN.

Ho! je l'appelle, mon bon ange!
Je l'appelle dès le matin:
Il vient et me donne la main,
D'amour délicieux échange!

Refr. Ange du ciel, ange gardien,
Près de moi veille, veille bien!

Mon ange porte ma prière
Jusqu'au trône de l'Éternel;
Il revient, m'apportant du ciel
Les faveurs du Céleste Père!

Mon ange soulage ma peine
Et les ennuis de mon exil;
« Enfant, courage! me dit-il,
« Au ciel, au ciel ma main te mène! »

Mon ange de mon innocence
Garde la précieuse fleur;
Auprès de lui je n'ai pas peur,
L'enfer a perdu sa puissance!

Mon ange, ô compagnon fidèle,
Doux ami que Dieu m'a donné,
Depuis le jour où je suis né
Tu me protéges sous ton aile!

Mon ange, à toi je me confie
Bien plus qu'aux amis d'ici-bas;
Toi, tu ne m'abandonnes pas
Dans les tempêtes de la vie!

L'enfant qui t'écoute sans cesse
Joyeux veille et calme s'endort,
Et pour lui le jour de la mort
Est encore un jour d'allégresse!

LE RÉVEIL DU LABOUREUR.

Hors du lit il est temps, du coq la voix m'éveille:
Le vent du matin souffle et l'oiseau chante au bois
Voyez-vous le signal de l'aurore vermeille?
A l'appel du travail, levez-vous villageois.

Compagnons, armez-vous et qu'on marche à l'ouvrage,
Le rateau sur l'épaule ou la bêche à la main:
A la vigne, aux jardins, aux champs, au pâturage,
L'heure sonne, en avant, et gaîment en chemin!

Quand le grain répandu va germer, près d'éclore,
Élevons tous au ciel nos chants et notre esprit:
C'est Dieu qui donne aux blés le soleil qui les dore,
Et le vent qui les berce, et l'eau qui les nourrit!

Tous les êtres en chœur travaillent avec joie,
Dans le vaste concert de la terre et des cieux:
Lorsqu'au bruit des chansons le travail se déploie,
Plus légère est la tâche et l'ouvrage vaut mieux!

—

L'INFIRMERIE.

Il est au collége une salle,
Séjour des ventres affamés,
Où l'on souffre comme Tantale,
Mais où l'on dort les poings fermés.
Là, dans une heureuse indolence,
Passe le jour, passe la nuit;
Et ce serait, sans l'abstinence,
Le plus agréable réduit.

On y voit cent paquets de plantes:
Mauve, guimauve, orge, chiendent;
Herbes, de fait, peu succulentes,
Mais de grande vertu pourtant.
Les enrhumés boivent sur l'orge:
La mauve rafraîchit au mieux.
Le lait guérit les maux de gorge,
Et l'eau blanche tous les maux d'yeux.

Combien, dans cette casserolle
De cataplasmes ont passé!
Combien suivront à tour de rôle,
Si demain le plat n'est cassé!
Salut, cafetières antiques!
Combien d'égards vous méritez
Pour les breuvages balsamiques,
Qu'ont réchauffés vos cavités!

Avez-vous à tomber malade?
D'abord, choisissez votre temps:
Laissez filer la promenade
Puis déclarez un mal de dents.
Les jours d'examen d'ordinaire,
Surtout quand on n'a rien appris,
Voient tousser plus d'un poitrinaire;
Le lendemain tous sont guéris!

Pendant l'hiver la cheminée,
Attire câlins près du feu.
En été, c'est une journée
Passée à dormir tant soit peu.
Et toujours quelque bagatelle
Arrive, quand et comme il faut:
Un léger rhume, quand il gèle,
La migraine quand il fait chaud.

Mais si l'entrée aux invalides
Pour les flâneurs a des appas:
D'en déloger ils sont avides,
Aux approches d'un grand repas.
Beaucoup de nos fêtes publiques,
Du docteur usurpant le droit,
Guérissent fièvres et coliques,
Et font les boiteux marcher droit.

Ecoliers, généreuse race,
Jaloux de conserver vos prix,
Et cette ardeur que rien ne lasse,
Et ces mentons ronds et fleuris.
Gardez-vous de l'infirmerie:
C'est l'écueil des bons estomacs,
Et près du feu, la flânerie
A la paresse tend les bras.

—

LE LOUP ET LE CHEVAL.

Il était un loup une fois,
Que la faim fit sortir du bois;
Il cherchait partout une proie,
Pour lui sauter au cou de joie.

Refr. Ah! ah! ah! mais vraiment,
Ce loup était bien bon enfant.

Dans un enclos tout grand ouvert,
Il vit un cheval mis au vert:
Parbleu, dit-il, j'ai de la chance,
Voici de quoi faire bombance.

Mais, ce qui m'embête en ceci,
C'est que le cheval que voici,
N'a pas du tout l'air d'être un âne!
J'ai tort de faire ainsi le crâne.

Pourtant sur ma foi d'animal,
Je me sens un' faim de cheval.
Essayons donc, coûte que coûte,
De l'étrangler, sans qu'il s'en doute.

—Bonjour, bonjour, sire cheval!
Où donc ressens-tu quelque mal?
Je suis chirurgien par nature,
Docteur, dentiste, pédicure.

—Ça se trouv' bien, dit le coursier,
A cet animal carnassier:
J'ai des cors aux pieds, je t'assure,
Qui me font geindre, outre mesure.

—Voyons voir, voyons voir, morbleu!
Reprit le loup, voyons un peu:
Voyons voir un peu que je voyie
Quel remède il faut que j'employie!

—Pour un docteur, dit le cheval,
Mon ami, tu parles bien mal:
Là dessus, il flanque un'ruade
Qui met le loup en marmelade.

—Bien appliqué, se dit le loup,
J'aurais dû m'attendre à ce coup:
Pourquoi mettre, au lieu de se taire,
Son nez où l'on n'a rien à faire.

—

LE PETIT GRENADIER.

Il était un p'tit grenadier,
  A la mine vermeille,
Qui portait, comme un vieux troupier,
  Le bonnet sur l'oreille:
Le sabre au côté, l'arme au bras,
Le petit soldat marche au pas.

Refr. Et rapataplan,
Voilà la garde qui s'avance:
  Les grenadiers de France,
  En avant, en avant,
  Grenadiers, en avant!
  Plan, plan etc.

Il avait, le p'tit grenadier,
  Un cheval de bataille;
La monture et le cavalier
  Sont de la même taille.
Dès qu'ils paraissent dans les rangs,
Le clairon sonne, on bat aux champs.

Petit soldat, tu grandiras
  Pour servir notre France:
A tes côtés tu nous verras
  Armés pour sa défense.
L'épée en avant, l'aigle en main,
Tu nous montreras le chemin.

Il est hardi, le grenadier,
  Jamais il ne se cache;
Et parfois, de son air guerrier,
  Il cherche sa moustache.
Frappé de son air martial,
On l'a fait passer caporal.

———

L'EXILÉ DE L'HELVÉTIE.

Il gémissait de son noble esclavage,
Le fils de l'Helvétie, au front morne et pensif:
Et, sur un air chéri de son village,
Soupirait ses ennuis dans ce refrain plaintif:

Refr. Ah! je veux revoir ma patrie,
Ses lacs, ses glaciers, ses forêts;
Le doux émail de la prairie,
Et nos vallons et nos chalets.

Je n'entends plus la clochette argentine
De nos troupeaux, le soir, signalant le retour;
Le son du cor, parcourant la colline,
Pour moi n'annonce plus le déclin d'un beau jour!

Quand finira ce fatal esclavage?
Dans les cités, pour moi, que de trouble et d'ennui!
Je ne pourrai retrouver qu'au village
Le bonheur pur, qu'en vain j'ai cherché loin de lui.

—

L'ANE PARFAIT.

J'ai connu, dans notre village,
Un âne comme on n'en voit plus,
Car de nos jours ils sont têtus
    Et n'aiment pas l'ouvrage.

Il avait un maintien honnête,
Le regard doux, l'air patelin,
Et n'entrait jamais au moulin
    Sans incliner la tête.

La paresse aurait pu lui plaire,
Mais il combattait ses penchants;
Et n'eut voulu rester aux champs
    Tout un jour, sans rien faire.

A l'ânon de notre fermière
Ce brave âne disait souvent:
« Pourquoi, lorsqu'on tire en avant,
    Faire un pas en arrière»?

Lorsque, par ses bonds, ses gambades,
Quelque petit chien le lassait,
Doucement, il le repoussait,
    Sans lancer de ruades,

Il était sobre en sa pitance,
Se contentait d'un seul chardon;
Et n'eut voulu, comme un glouton,
    Faire un Dieu de sa panse.

Il évitait la moindre flaque;
Ne se lavait qu'au ruisseau clair,
Et se vautrait, les pieds en l'air,
    Pour brosser sa casaque.

Il ne prenait point d'airs bravaches
Bien qu'il eût large raie au dos;
Et force poils à ses naseaux,
    De quoi porter moustaches!

Enfin cet âne, le modèle
De ses pareils et cætera...
Nous l'espérons tous, renaîtra
    Dans la race nouvelle.

—

LE PETIT PARESSEUX.

Refr. J'aime à vivre dans la paresse,
    Au diable tous les professeurs;
Et si mon nom vous intéresse:
On m'appelle roi des flâneurs.

Tous les matins vers la classe
On me traîne par le bras:

Forcé de prendre ma place
Près des faiseurs d'embarras;
Qui le nez dans la grammaire
Ont l'air de se réjouir;
Moi j'aime mieux ne rien faire
Et sur mes livres dormir.

A quoi sert d'apprendre à lire?
Çà vous abîme les yeux;
On attrape à trop écrire
La goutte, quand on est vieux.
Etudier, dans la vie,
Est un sort par trop affreux;
Moi, dans ma philosophie,
Je chante, le cœur joyeux:

—Savez-vous votre grammaire?
Me demande un professeur!
—Le verbe que je préfère,
Je crois le savoir par cœur.
—Quel est-il? Je vous écoute.
—Je dors, tu dors, nous dormons,
Ils.... mais je m'arrête en route:
Je dors. Bonsoir les leçons!

Aussitôt on me réveille,
La férule va son train;
On me tire par l'oreille,
Puis on m'attache soudain;
Coiffé d'un grand bonnet d'âne,
Je reste seul dans un coin.
Peu m'importe: là je flâne,
Et je puis dire de loin:

Le jeudi et le dimanche
Sont pour moi des jours heureux:

Comme je prends ma revanche,
Et que mon cœur est joyeux!
De pouvoir courir sur l'herbe,
M'étaler comme un lézard,
Près des blés liés en gerbe,
Chanter, dormir à l'écart!

D'arbre en arbre, l'oiseau vole,
Dans l'eau nage le poisson,
La biche au bois fait la folle,
La vigne a son limaçon;
Le p'tit chien de la Marquise
A pour dormir un palais:
Si j'étais bête, à ma guise,
A mes frères je dirais:

Chaque jour sont des reproches;
Aux repas, c'est du pain sec;
On me nourrit de taloches,
On me traite de blanc bec.
Mes camarades de classe
Veulent s'éloigner de moi,
De l'école l'on me chasse:
Voulez-vous savoir pourquoi?

J'ai péché dans ma jeunesse;
Je m'en repens, mais trop tard;
Aujourd'hui dans la tristesse,
Sans pain, je meurs à l'écart.
Je n'ai pour seule ressource
Que d'aller tendre la main!
Fuyez la mauvaise source
Qui m'a séduit en chemin.

Évitez toujours la paresse,
Ecoutez bien vos professeurs;

Passez vos jours dans la sagesse,
Et ne soyez jamais flâneurs.

—

J'AIME CÎTEAUX.

J'aime Cîteaux, c'est ma patrie,
J'aime ses jardins, ses guérets,
Ses champs, sa pelouse fleurie
Et l'ombrage de ses forêts.
J'aime ses nuits silencieuses,
Comme au sein des vastes déserts,
Ses façades majestueuses,
Le ruisseau, les grands sapins verts.

Refr. Asile
　　　Tranquille,
Où Dieu cacha nos premiers jours;
　　　Patrie
　　　Chérie,
　　Nous t'aimerons toujours.

Oui, je l'aime, la Colonie!
J'ai l'âme, en cet heureux séjour,
Ivre de suave harmonie,
De paix, d'innocence et d'amour.
Loin d'ici passent les orages,
Du ciel rien n'assombrit l'azur:
L'amitié chasse les nuages,
La vie est calme et le ciel pur.

Pourquoi faut-il que je te dise
Adieu, séjour délicieux?
Quelle jalouse main divise
Ce que semblait unir les cieux!
Hélas! c'est le sort de la vie

Qui finit pour ne pas revenir;
Et bientôt, des jours qu'on envie
Il ne reste qu'un souvenir!

Mais, si la cruelle fortune
Se rit de mes tardifs soupirs:
Je me rirai de l'importune,
En vivant de mes souvenirs.
Je reviendrai, par la pensée,
Au berceau de mes jeunes ans,
Suivre encor la trace effacée
De mes jours sereins, innocents.

UNE MÈRE.

J'ai vu le jour, enfants, dans ce village,
Où soixante ans j'ai vu naître les fleurs;
J'ai, de vos fronts, détourné maint orage;
Sous vos baisers, j'ai séché bien des pleurs.
J'habite encor la modeste chaumière
Qui vous a vus gambader, tout petits;
Et parmi vous, je vis heureuse mère;
Le ciel est bon, mes vœux sont accomplis!

Mes souvenirs, chers enfants, me rappellent
Au temps passé de vos premiers beaux ans:
Je vois encor vos jambes qui chancellent,
J'entends encor vos petits cris d'enfants;
J'avais alors une marche légère,
J'ai maintenant de fidèles appuis!
Et parmi vous .....

Oh! vous m'aimiez; lorsque ma voix qui tremble,
De l'un de vous réclame quelques soins:
Frères et sœurs, vous venez tous ensemble,
Vous informer de mes moindres besoins.

Si le Seigneur, exauçant ma prière,
Auprès de moi, vous place en paradis,
Je redirai, comme en cette chaumière:
Le ciel est bon, mes vœux sont accomplis!

—

LE NID DE FAUVETTES.

Je le tiens ce nid de fauvettes!
Ils sont deux, trois, quatre petits.
Depuis si longtemps je vous guette!
Pauvres oiseaux, vous voilà pris!

Ah! pourrais-je causer leur peine
Moi qui, l'été, dans les vallons,
Venais m'endormir sous un chêne,
Au bruit de leurs douces chansons?

Hélas, si du sein de ma mère
Un méchant venait me ravir,
Je le sens bien, dans sa misère,
Elle n'aurait plus qu'à mourir.

Et je serais assez barbare
Pour vous arracher vos enfants!
Non, non, que rien ne vous sépare;
Non, les voici, je vous les rends!

Apprenez-leur, dans le bocage,
A voltiger auprès de vous;
Qu'ils écoutent votre ramage
Pour former des sons aussi doux.

Et moi, dans la saison prochaine,
Je reviendrai, dans ces vallons,

Dormir quelquefois sous un chêne,
Au bruit de leurs jeunes chansons!

—

L'ENFANT ORPHELIN.

Je n'ai plus d'appui sur la terre,
Je suis errant, abandonné;
Mon seul espoir était mon père
Et les combats l'ont moissonné!
Mais avec orgueil je m'écrie:
Il tomba fidèle et vaillant.
Ah! secourez le pauvre enfant
Du soldat mort pour la patrie.

Déjà mon jeune cœur tressaille,
Quand je vois flotter nos drapeaux;
Au seul récit d'une bataille,
Je me sens le fils d'un héros.
Je l'espère, o France chérie,
Un jour je t'offrirai mon sang!
Ah! secourez ....

Voilà cette croix éclatante
Que je vis briller sur son sein:
Faudra-t-il, d'une main tremblante,
La vendre, pour avoir du pain?
«Garde qu'elle ne soit flétrie!»
Me disait-il en expirant.
Ah! secourez ....

—

L'ENFANT DE CHŒUR

Je possède une douce voix:
Si j'étais né d'une fauvette,

J'aurais mon nid fait dans les bois
Où je dirais ma chansonnette;
Mais je n'ai rien, mon bon pasteur,
Oh! prenez-moi pour serviteur,
Je serai votre enfant de chœur;
Car j'aime Dieu de tout mon cœur.

J'ai douze ans, je suis tout petit,
Et de bien peu je me contente.
Il fait froid, je n'ai pas d'habit,
Et j'ai bien faim, quoique je chante.
Je viens à vous, mon bon pasteur,
Oh! prenez-moi pour serviteur,
Je serai ....

On m'a dit là-bas, au hameau:
«Un bon pasteur aide et protége.
Sa main, l'hiver, au passereau
Jette le grain, pendant la neige.»
Je viens à vous, mon bon pasteur,
Oh! prenez-moi pour serviteur,
Je serai ....

Et mignon, alors doucement,
Osa frapper à la chaumière;
Elle s'ouvrit.... le brave enfant
Devint l'enfant du presbytère.
Merci! merci, mon bon pasteur,
Soyez béni par le Seigneur!
Chaque jour, votre enfant de chœur
Priera pour vous de tout son cœur.

———

JEANNE LA FILANDIÈRE.

Je suis Jeanne la filandière,
La fileuse de ces vallons;

Et j'ai vécu des jours bien longs
Sous le vieux toit de ma chaumière.
Elle est là parmi les roseaux,
Où l'eau fugitive bouillonne:
Soufflez sur moi, vents de l'automne,
Et vous, tournez, mes prompts fuseaux.

Que de fois j'ai vu l'aubépine,
Briller sur le sombre buisson!
Que de fois j'ai vu la moisson
Dorer les flancs de la colline!
Que de fois j'ai vu les oiseaux
Fuir, quand l'hiver brumeux frissonne!
Soufflez ....

Je pourrais encore redire
Tous les contes du forgeron;
Et de Thomas, le vigneron,
Je n'ai pas oublié le rire:
Je le vois, courbant ses cerceaux;
J'entends la chanson qu'il fredonne!
Soufflez ....

Ils sont morts, tous ceux de mon âge;
Et leurs enfants sont déjà vieux.
Mais rien n'a bougé dans ces lieux;
Rien n'a bougé dans le village:
L'église a les mêmes arceaux,
La même horloge aux heures sonne!
Soufflez ....

Tandis que la ruche demeure,
Au loin les abeilles s'en vont;
C'est ainsi que les hommes font,
Et Dieu donne à chacun son heure.
Demain la tombe aura mes os,

Y viendra-t-il pleurer personne?
Soufflez ....

LE PATRE DE LA MONTAGNE.

Je suis le pâtre des montagnes,
Je vois les châteaux à mes pieds;
Les hauts glaciers sont mes campagnes,
Un vieux roc me sert de palais;
Car je suis roi de la montagne!

Le soleil vient à moi plus vite
Qu'il ne va dans le creux vallon;
Et le soir, alors qu'il nous quitte,
Pour moi luit son dernier rayon;
Car je suis roi de la montagne!

Dans ma grotte un fleuve a sa source,
Il me doit ses premiers tributs;
S'il veut fuir, j'interromps sa course,
Avec mes deux bras étendus;
Car je suis roi de la montagne!

La montagne, c'est ma patrie!
L'ouragan voudrait m'effrayer:
En vain il tourne, en vain il crie,
Mes chants savent le dominer;
Car je suis roi de la montagne!

Dans la plaine, quand le tonnerre
Fait rouler son char rauque et dur,
Quand il fait tressaillir la terre,
Moi je suis debout dans l'azur;
Car je suis roi de la montagne!

Et quand le signal de la guerre
S'allume au sommet du rocher:
Le glaive en main, sous ma bannière,
Gaîment, l'on m'entend répéter:
Je suis le roi de la montagne!

—

SALUT MON DOUX PAYS.

Je suis loin de Paris,
Adieu la grande ville!
Mon cœur est plus tranquille,
Je revois mon pays!
Salut bois et coteaux, terre que je chéris!
Témoins de mon enfance,
Là finit ma souffrance.

Refr. Salut, mon doux pays!
Salut, belle campagne!
Je revois la montagne,
Tous mes maux sont finis.

Il m'en souvient, c'est là
Qu'en pleurant de tendresse,
Ma mère, avec ivresse,
Sur son sein me pressa
Oui, c'est là qu'en pleurant ma mère m'embrassa;
Puis, je fis ma prière,
Les yeux sur la chaumière.

Je le dis sans détour,
Non, non, plus de voyage;
Pour toujours au village
Me voilà de retour.
Oui, fidèle au pays où j'ai reçu le jour,

Près de ma bonne mère,
Restons dans la chaumière.

—

BÉBÉ MILITAIRE.

Je suis un militaire
  Aux blonds cheveux,
A la démarche altière,
  Aux doux yeux bleus.
Le bonnet sur l'oreille
  Et l'arme au bras,
A la porte je veille,
  On n'entre pas.

Ce bébé sans culotte,
  Déjà soldat,
Est haut comme la botte
  De son papa.
Mais, malgré son jeune âge,
  Il a du cœur,
Et, sans barbe, un courage
  De vrai sapeur.

Si j'avais sous mon ordre
  Un régiment,
S'avançant en bon ordre,
  Tambour battant;
Le fusil sur l'épaule,
  A mon appel,
Que j'aimerais le rôle
  De Colonel!

La fortune cruelle
  Ne le veut pas:

Je serai sentinelle
De mon papa.
Le bonnet sur l'oreille
Et l'arme au bras,
A la porte je veille,
On n'entre pas.

—

QUI SAIT PRIER.

Jeune soldat, parti de ta chaumière
Pour te ranger sous un noble drapeau,
Ah! garde-toi d'oublier la prière,
Que l'on t'apprit au sortir du berceau.
Enfant, c'est là qu'on trouve du courage
Pour aborder les chances du combat;
Qui sait prier, sait affronter l'orage:
Un bon chrétien est toujours bon soldat.

Rappelle-toi les conseils de ta mère,
Lorsqu'en pleurant elle te dit adieu:
En ce moment, ta douleur fut amère,
Et tu promis d'être fidèle à Dieu!
Ce doux espoir fut pour elle un présage
Qui lui voila les dangers du combat.
Qui sait prier ....

Porte toujours la médaille bénie,
Qu'en te quittant elle mit sur ton cœur;
Le souvenir de la vierge Marie,
Sous tous les cieux te portera bonheur.
Plus d'un guerrier, fidèle à cet usage,
Ne fut jamais frappé dans le combat.
Qui sait prier ....

Que de héros dont la France s'honore,
Et qui du ciel imploraient le secours!
Bayard, Turenne et bien d'autres encore,
Au Roi des rois s'adressaient chaque jour!
Nul vieux guerrier, faisant le grand voyage,
Ne veut partir sans son certificat.
Qui sait prier ....

Brave guerrier, défenseur de la France,
Rappelle-toi que la croix du Sauveur
Est pour tout homme un signe d'espérance,
Et c'est de là que vient la croix d'honneur!
Que cette croix t'accompagne au village,
Après ton temps de service à l'Etat!
Qui sait prier ....

Et quand de Dieu la trompette puissante,
Auprès de lui sonnera le rappel:
Que cette croix, sur ta bouche expirante,
Te serve encore à répondre à l'appel!
Que sur ta tombe, elle soit le présage
Que l'Eternel a signé ton mandat.
Qui sait prier ne craint pas le passage:
Un bon chrétien fut toujours bon soldat!

—

SOUVENIRS D'UN ANCIEN ÉLÈVE.

Je veux revoir l'asile où mon enfance,
Heureuse et pure, a passé de beaux jours;
Je veux revoir, après cinq ans d'absence,
Ces corridors, ces classes et ces cours:
Nous approchons, mon âme est attendrie;
Je reconnais ces coteaux et ces bois;
Pieux séjour, ma seconde patrie,
Je suis heureux, enfin, je te revois!

Je veux revoir ces amis du jeune âge,
Qui partageaient mes travaux et mes jeux.
Eh! quoi? pas un n'accourt sur mon passage!
Ah! suis-je donc étranger en ces lieux?
Le temps, bien vite, a changé la famille;
Et sur ces bancs d'autres viennent s'asseoir....
D'autres viendront..ah! quand un beau jour brille,
Cueillons ses fruits, on est si vite au soir!

Je veux revoir, embrasser chaque maître.
J'avais quinze ans quand je les ai laissés!
Je suis Alfred, j'ai bien grandi peut-être:
Mais cependant vous me reconnaissez.
En réprimant ma pétulance extrême,
Vous répétiez: « S'il n'est pas corrigé,
Son cœur du moins sera toujours le même. »
Vous disiez vrai, mon cœur n'a pas changé.

Je veux revoir surtout notre ancien père,
Nous lui devons les beaux jours d'autrefois;
De ces beaux jours un doux rayon m'éclaire,
Lorsque de loin j'écoute encor sa voix.
Pieux conseils, douce et mâle sagesse,
Mots où son cœur s'épanchait tout entier:
A son début, vous guidiez ma jeunesse,
Vous me suivrez jusqu'au bout du sentier.

—

LE RETOUR AU TYROL.

Je vous revois, ce n'est point un prestige,
Lieux séduisants, toujours chers à mon cœur;
Monts escarpés, bords fleuris de l'Adige,
A votre aspect, je renais au bonheur.
La, la, la ....

D'un pied léger, j'effleurais la bruyère,
En devançant le timide chamois;

Tout en cherchant une fleur printanière,
Je faisais dire aux échos de ces bois:
La, la, la,....

Et dans l'Adige et son onde mobile,
Je m'élançais, je luttais en vainqueur;
Le flot superbe, à mes désirs docile,
Me promenait comme un triomphateur.

Puis suspendu sur le flanc des montagnes,
J'allais ravir les aiglons à leur nid:
Et les échos, à travers les campagnes,
Portaient au loin mon refrain favori.

JOLI PETIT MOUTON.

Joli petit mouton, présent de ma nourrice,
Qui me suis en tous lieux, qui mange dans ma main;
Je t'aimerai toujours, malgré ton injustice,
Et nous partagerons et mon lait et mon pain.

> *Refr.* Petit mouton que j'aime,
> Viens jouer avec moi;
> Mon bonheur est extrême
> De sauter comme toi.

Que j'aime à caresser ta laine blanche et fine!
Ton bêlement craintif me réjouit le cœur;
Lorsque j'entends sonner ta clochette argentine,
Je quitte mes leçons et saute de bonheur.

Hier, tu t'es enfui pour courir dans la plaine,
Méchant, petit ingrat, pourquoi m'inquiéter?

Tu ne m'aimes donc plus, tu me quittes sans peine?
Monsieur, promettez-moi de ne plus m'affliger!

———

LE CONSCRIT DU FINISTÈRE.

J'suis né natif du Finistère,
A Saint-Pol je reçus le jour;
Mon pays c'est l'pu beau de la terre,
Mon clocher l'pu haut d'alentour;
Et pis j'l'aimais,
Et tous les jours que Dieu f'sait je m'disais:
Que j'aime ma bruyère et mon clocher à jour!

Pis v'là qu'on m'dit que pour la guerre,
Il fallait quitter mon séjour,
Ma métairie et mon vieux père,
Et partir au son du tambour.
Dam'j' leur dis net:
Jean Yvonnet n'entend quet, n'entend quet:
J'aime mieux ma bruyère et mon clocher à jour!

Quand je me s'rais mis en colère,
Il fallait obéir toujours;
A mes plaintes, à mes prières,
Ces méchants-là faisaient les sourds,
Et me disaient:
Allons m'n ami, vite fais ton paquet,
Faut quitter ta bruyère et ton clocher à jour!

En dépit de moi militaire,
A l'exercice chaque jour;
Dans leur langag'j'n'entendais guère
Leur droite, leur gauche, leur demi-tour;
Et pis j'tournais,

Et pis j'cherchais, pis j'cherchais, pis j'cherchais
A revoir ma bruyère et mon clocher à jour!

La gamell'ne m'profitait guère,
Je dépérissais chaque jour;
En marche j'restais en arrière,
M'arrêtant à chaque détour;
Et pis j'r'gardais,
Et pis j'cherchais, pis j'cherchais, pis j'cherchais
A revoir ma bruyère et mon clocher à jour!

A c'garçon-là n'y a rien à faire
Qu'un bon congé, c'est le plus court,
Dit le méd'cin, car au cim'tière
Il s'en va, grand train, chaque jour.
Pis m'dit tout net:
L'ami fais ton paquet, fais ton paquet,
Va revoir ta bruyère et ton clocher à jour!

Adieu donc armé' de la guerre,
Adieu fusil, adieu tambour!
Je vais revoir mon Finistère,
Et mon délicieux séjour.
Et je dansais,
Et j' riais, et je m' divertissais
En r'voyant ma bruyère et mon clocher à jour!

———

MON HABIT DES DIMANCHES.

J'vous dirai qu' dans Avranches,
Il court un certain bruit,
Au sujet d'mon habit,
D'mon habit des dimanches.

J'avais reçu d'mon oncl'Gervais
Cinq vieux habits, qu'il ne pouvait plus mettre;
Mais tous les cinq étaient mauvais,
J'n' savais pas vraiment ce que j'en ferais;
Les dos, les d'vants ne valaient rien;
Mais, par exemple, il faut le reconnaître,
Les manch's étaient encore très bien,
Et d'm'en servir j'avais trouvé le moyen.
Mais puisque j'ai dix manches,
Bêtat, que j'm'étais dit,
J'vas m'fair' faire un habit,
Un habit des dimanches!

Alors chez l'tailleur Bénédict,
Sans plus tarder, je porte ma défroque,
J' lui dit: vous qu'êt's un homm'd'esprit,
Y a-t-il là d'dans d'quoi m'faire un bel habit?
Sûr'ment! qui m' dit; vous n'êt's pas grand,
Il rest'ra mêm'de quoi vous faire un'toque.
Si bien que, le dimanch' suivant,
Ah! sapristi! j'étais, j'étais flambant!
Les deux poings sur les hanches,
Tout l'village interdit
R'luquait mon bel habit,
Mon habit des dimanches!

Les galopins m'tournaient autour,
M'disant: t'as l'air de l'huissier du village.
C'est d'puis qu't'es beau comme un amour,
Eh! mon cadet, que tu n'dis plus bonjour!
Viens donc dénicher les moigneaux;
Mais tu n'os's plus grimper dans le feuillage,
A c'tte heur' que t'es dans les farauds!
C'était un tour que m'jouaient les finauds!
En grimpant sur les branches,
Va, c'est bien fait, bandit!

J'ai crevé mon habit,
Mon habit des dimanches!

V'là qu'tous ont ri comm' des bossus:
Ah! ah! l'monsieur qu'a déchiré sa p'lure!
 Si bien qu'alors j'ai tombé d'ssus,
Et qu'les atouts, c'est moi qui les a r'çus.
 Il n'est resté de mon habit neuf,
Que trois boutons, un pan et la doublure.
 J'en ai pleuré comm'un p'tit bœuf;
Mais c'est égal, à c'tte heur' que j'en suis veuf,
  J'ai mes coudé's plus franches;
  Mais j'n'ai point eu d'profit
  A m'fair' faire un habit,
 Un habit des dimanches!

CHANSON DU MOUSSE.

La mer est ma patrie,
 Ce bord est mon séjour;
J'y dois passer ma vie,
 J'y dois mourir un jour.

Refr. Va petit mousse,
  Dans un climat lointain,
   La mer est douce
  Pour le pauvre orphelin.

La vie est bien amère
 A l'enfant délaissé,
Que l'amour d'une mère
 N'a jamais caressé.

O France, ô ma patrie,
 Quand pourrai-je te voir?

Cette image chérie
Est mon plus doux espoir.

—

LE SOLEIL DE MA BRETAGNE.

—La mer m'attend, je vais partir demain:
Sœur, laisse-moi, j'ai vingt ans, je suis homme;
Je suis Breton et je suis gentilhomme,
Sur l'Océan je ferai mon chemin.
    —Mais si tu pars, mon frère,
    Que ferai-je sur terre?
    Toute ma vie à moi,
    Tu sais bien que c'est toi!
Ah! ne va pas, loin de notre hameau;
Reste avec moi, ta sœur et ta compagne:
    On est heureux à la montagne;
    Et puis, de ma Bretagne
    Le soleil est si beau!

—Sur un beau brick qui portera ton nom,
Je reviendrai dans dix ans capitaine;
J'achèterai ce bois, ce beau domaine,
Et nous serons les Seigneurs du canton!
    —Mais n'as-tu pas, dit-elle,
    Notre pauvre tourelle,
    Pour trésor le bonheur,
    Pour t'aimer tout mon cœur?
Ah! ne va pas ...

Mais il partit, quand la foudre grondait;
Dix ans passés, de lui point de nouvelle.
Près du foyer, sa compagne fidèle
Pleurait toujours, et toujours l'attendait!
    Un jour, à la tourelle,
    Un naufragé l'appelle,
    Lui demande un abri,

—C'est lui, mon Dieu, c'est lui!
—Oui, sœur, c'est moi, je reviens au berceau;
J'ai tant souffert, loin de toi, ma compagne!
Mais je l'oublie en voyant ma montagne;
    O ma Bretagne,
Que ton soleil est beau!

—

LES TROIS ANGELUS.

La terre s'éveille,
Après le repos de la nuit;
L'aurore vermeille,
Précède le soleil qui luit:
L'oiseau solitaire
Gaîment chante, au lever du jour;
L'enfant, à sa mère,
Tend les bras en disant: Bonjour!
Tin, tin, la cloche sonne
L'angelus du matin,
Priez Dieu, pour qu'il donne
Du pain au pauvre, un père à l'orphelin.

Le soleil s'incline,
Sur le monde, dans sa splendeur;
L'abeille butine
Son miel, dans les sucs de la fleur;
L'artisan austère
Gagne du pain, pour ses enfants;
Et la ménagère
Porte le repas dans les champs.
Tin, tin, la cloche sonne
L'angelus de midi.
Priez Dieu, pour qu'il donne
Au voyageur un refuge attiédi.

Déjà les étoiles
De points blancs parsèment les cieux;
Le ciel tend ses voiles
Sur l'univers silencieux;
La charité veille
Sur le pauvre, dans son réduit;
L'enfant qui sommeille
Dit à sa mère: Bonne nuit!
Tin, tin, la cloche sonne
L'angelus du soir.
Priez Dieu, pour qu'il donne
Aux malheureux le repos et l'espoir.

—

LES BATTEURS EN GRANGE.

L'aube rayonne,
Et la cloche qui sonne
Réveille au loin les travaux.
Çà! du courage!
Et le cœur à l'ouvrage!
Armons-nous de nos fléaux.
Que sur l'aire sûre,
A coups redoublés,
On batte en mesure,
On batte les blés.
Pin, pan, pan ...

La huche est vide,
Et le moulin rapide
Reste en panne à sommeiller.
La roue oisive
Et la meule inactive
Demandent à travailler:
Pour remettre en danse
Et meule et pétrin,

Battons en cadence,
Oui, battons le grain.

Dans chaque ferme,
Un ciment, lisse et ferme,
Attend les épis jaunis.
Partout la gerbe,
Ondoyante et superbe,
Epand ses trésors bénis.
Quand l'été nous donne
Paille et froment,
Battons en automne,
Oui, battons gaîment.

—

MON AME A DIEU.

«La voile est à la grande hune,
Disait un Breton à genoux;
Je pars, pour chercher la fortune
Qui ne veut pas venir à nous.
Je reviendrai bientôt, j'espère,
Sèche tes yeux, prie, attends-moi:
En te quittant, ma bonne mère,
Mon âme à Dieu, mon cœur à toi. »

«Pour goûter un sort favorable,
Chantaient les marins à loisir,
Il faut passer ses jours à table,
Et donner son cœur au plaisir.»
Mais lui, songeant à sa chaumière,
Plein de tendresse et plein de foi,
Il répétait: «Ma bonne mère,
Mon âme à Dieu, mon cœur à toi.»

Errant de rivage en rivage,
Enfin, il amasse un trésor;

Et puis, il retourne au village;
C'est pour sa mère, tout son or.
Mais il lit ces mots sur la pierre:
«Je meurs, mon fils est loin de moi!
Mais dans le ciel, comme sur terre,
Mon âme à Dieu, mon cœur à toi.»

—

UNE MATINÉE DE PRINTEMPS.

Le ciel se colore
D'un rouge vermeil;
La plaine se dore
Des feux du soleil;
La sève féconde
Serpente en tout lieux;
Et prépare au monde
Le pain du bon Dieu.

La rose boutonne
Aux bords du chemin;
L'abeille bourdonne
Autour du jasmin:
Les mules noircissent
Le long des buissons;
Les fraises rougissent
Sur les verts gazons.

Sous l'ombre qui tremble,
Les chantres ailés
Redisent ensemble
Leurs airs modulés;
Leurs folles peuplades
Vont, d'un vol léger,
Aux blanches cascades
Gaîment voltiger.

L'agile hirondelle,
Suivant les ruisseaux,
Du bout de son aile
Effleure les eaux.
Le saule murmure
Auprès du canal,
Mirant sa verdure
Dans le bleu cristal.

—

LE CHASSEUR.

Le jour naissant, de ses rayons
　　Colore la montagne;
Du cor j'entends au loin les sons,
　　Chasseurs, vite en campagne!
Aux bois blanchis par les frimats,
　　Aux champs couverts de glace,
Mon chien flaire et conduit mes pas;
　　Chasseurs, suivons sa trace!

Marchons l'oreille et l'œil au guet,
　　Cherchons la piste ensemble.
Le cerf est là, dans la forêt,
　　Sous le taillis qui tremble;
En frémissant, dans son fourré
　　Le sanglier s'abrite;
Le lièvre, surpris et serré,
　　Frissonne dans son gîte.

Ma balle atteindra le broquart
　　Fuyant sous le feuillage,
Et la sarcelle et le canard
　　Au sein des marécages.
A moi les cailles, les perdreaux,
　　Les terriers, les garennes!

A moi les airs, à moi les eaux,
Et les monts et les plaines!

—

LE MOULIN A BLÉ.

Le torrent bouillonne,
Le canal est plein,
    Tin, tin;
L'eau que Dieu nous donne
Revient au moulin,
    Tin tin;
Le baudet docile
M'apporte son sac
Et la roue agile
Va faisant, tic tac.

Dès qu'à mon usine
L'on jette le grain,
    Tin, tin;
La vive turbine
Se remet en train,
    Tin, tin.
Le blé du village
Se verse à plein sac,
Et tout l'engrenage
Va, faisant tic, tac.

Pour que chacun vive,
Et cuise son pain,
    Tin, tin,
Que la meule active
Ecrase le grain,
    Tin, tin.
Et que la farine,
Au bruit du, tic tac,

Coule, blanche et fine,
Coule dans son sac.

—

L'IMPOT DES CHIENS.

L'impôt des chiens est une chose utile,
Les chiens n'sont-ils pas des propriétés?
Dans chaqu' hameau comme dans chaque ville
Çà fait qu' l'on verra des chiens patentés.

Chacun son goût, moi j'ai les miens,
   Je trouv' très claire
    La loi qu'on vient de faire;
J'approuv' beaucoup l'impôt des chiens.

Y a la mèr' Gibou qu'est une vieill' portière,
Qui a jusqu'à six chiens, et n'est ce-pas d'trop?
L'on prétend maint'nant que chaqu' locataire
Doit donner cinq francs, pour payer l'impôt!

Les p'tits chiens, dit-on, sont fort en colère!
De c'qu'ils vont payer autant que les gros.
Le chien maigre dit: «C'nest pas mon affaire,
Je pai' pour êtr' gras et j'nai que les os.»

Les chats sont contents de c' nouveau système:
Les voilà vengés de leurs ennemis.
Ils cri'nt tous bravo! et nous croyons même
De les entendr' bientôt s'écrier: bis!

Nous voyons des gens qui s'cassent la tête,
Du matin au soir, ne font qu' s' désoler;
Les chiens cri'nt eux-mêm's que c'est un' boulette
Que la nouvell' loi leur fait avaler.

Un' d' mes voisin's me dit: «Je vous assure,
Qu' mon chien paie, ou non, ça m'est bien égal:
J' lui retranch'rai c'là sur sa nourriture!»
Que deviendra donc le pauvre animal?

Enfin cett' loi fait tourner bien des têtes,
Mais nous n'avons pas droit de nous plaindr' pourtant:
Car, si l'on faisait payer tout's les bêtes,
Plus de gens encor seraient mécontents!

MALBOROUGH.

Malbrough s'en va-t-en guerre,
Ne sait quand il r'viendra.

Refr. L'on entend dans les champs,
Les accents les plus charmants,
Et non Malbrough n'est pas mort,
Car il vit encor.

Il reviendra-z-à Pâques,
Ou à la Trinité.

La Trinité se passe,
Malbrough ne revient pas.

Madame à sa tour monte,
Si-z haut qu'ell' peut monter.

Ell' voit venir son page,
De noir tout habillé.

O page, ô mon beau page,
Quell' nouvell' apportez?

Aux nouvell's que j'apporte,
Vos deux yeux vont pleurer!

Quittez la robe rose
Et les souliers brochés.

Prenez la robe noire
Et les souliers bronzés.

Monsieur Malbrough est mort,
Est mort et enterré.

J' lai vu porter en terre
Par quatre-z-officiers.

L'un portait sa cuirasse,
Et l'autre son bouclier.

L'un portait son grand sabre,
L'autre ne portait rien.

On mit le corps en terre,
Et l'on le déposa.

L'on vit voler son âme,
Au travers des lauriers.

La cérémoni' faite,
Chacun s'en retourna.

—

LE DINDON.

Moi je me pare,
Moi, je me carre,
Moi je suis gras et beau!
Ma plume noire,
Mon dos de moire,
De rubis mon jabot.

Voyez ma tête,
Ma rouge aigrette;
Voyez, admirez tout!
L'écho s'apprête,
Il vous répète
L'air si beau du glouglou.

Ma queue est-elle
Fournie et belle!
Voyez, c'est un soleil.
Tout brille et tremble;
Que vous en semble?
Suis-je pas sans pareil?

Elle frisonne,
Elle rayonne,
Ma plume de velours!
Faites-moi place
Et que je passe,
Triomphant dans ma cour.

—

MON VOISIN.

Mon voisin a des papillons,
Qu'à chaque étude il dépique et repique;
Mon voisin a des papillons,

Et de bousiers quatre ou cinq bataillons.
Dans son bureau vivent en république,
Cerfs, capricornes et chenilles surtout;
A chaque insecte il donne un soin unique
Et de devoir ne s'occupe du tout.

Mon voisin triche à tous les jeux;
Pour une bille, il déclare la guerre.
Mon voisin triche à tous les jeux;
Sa langue est bonne et son poing vigoureux.
Vient-il à perdre ? il se met en colère;
Car le voisin veut toujours être heureux;
D'une autre part, céder ne nous va guère;
Mais par prudence, on ferme un peu les yeux.

Mon voisin est homme de goût;
Il l'a montré plus d'une fois à table.
Mon voisin est homme de goût:
En bons morceaux il se connait surtout.
L'eau, dans le vin, lui parait détestable,
Et du mélange il sait bien s'abstenir.
Pour satisfaire une faim indomptable,
Deux fois au plat on le voit revenir.

Mon voisin a plus d'un défaut:
Qui n'a les siens, hélas! sur cette terre!
Mon voisin a plus d'un défaut:
Mais, c'est assez, n'en parlons plus tout haut;
Car le voisin, malgré cette misère,
Est bon enfant et se corrigera:
Il a du cœur; même son caractère
Est franc, parfois aimable.... ou le sera!

—

ADIEUX DE MARIE STUART.

Refr. O beau pays que j'aime tant,
   Lieux fortunés, douce patrie,
   Il faut te fuir, du moins Marie
Te laissera son cœur en te quittant.

Vallons enchantés de la France,
Mes premiers, mes plus chers amours,
Témoins de mon heureuse enfance,
Je vous ai quittés pour toujours.
Flots à la voix douce et plaintive,
Celle qui vous contemple, hélas!
En s'éloignant de cette rive,
Comme vous ne reviendra pas.

Mais une volonté suprême
Semble enchaîner les éléments;
L'aquilon dort, la brise même
A pris pitié de mes tourments.
Dieu tout-puissant, sur cette grève
Voulez-vous donc me retenir?
Non, l'air fraichit, le vent s'élève,
La voile s'enfle, il faut partir.

O France, est-ce assez d'un royaume
Pour prix d'un exil éternel?
Mieux vaudrait pour moi, sous le chaume,
Contempler toujours ton beau ciel!
Mais j'y vois un sombre nuage:
Ah! cet aspect glace mon cœur;
Serait-ce un funeste présage?
Je ne sais et pourtant j'ai peur!

LA TYROLIENNE DU PÉRIGORD.

O bords charmants de l'Ille,
Vallons chéris des cieux,
O séduisant asile,
Séjour délicieux;
Dans mon âme attendrie,
Tu rappelles toujours
Ma seconde patrie,
Et mes premiers beaux jours.
La, la, la...

De la tour de Vésonne
J'aperçois le vieux mur;
Et du flot qui rayonne,
Je distingue l'azur.
Peupliers, dont l'ombrage
Inspirait autrefois
Les chants de mon jeune âge,
Enfin je vous revois!

Batelier, je t'en prie,
Guide-moi vers ces eaux;
Montre-moi la prairie,
Le sentier des ormeaux,
Le manoir, la chaumière,
Le haut des vieilles tours,
Que j'aimais tant naguère,
Que j'aimerai toujours!

Ah! répétons encore
La chanson du pays,
Ce refrain que j'adore
Et que de lui j'appris.
Sur la rive étrangère
Ce chant me poursuivait;

7

Ma lyre solitaire
Toujours le redisait:

—

LA FILLE DU PÊCHEUR.

«O ciel! j'entends gronder l'orage,
Dieu! sois en aide aux matelots!
Que vois-je là-bas sur la plage?
Mon père à la merci des flots!»

Refr. «Ah! prends pitié de sa misère,
Vierge sainte, vierge d'amour!
Pour tout appui, je n'ai qu'un père,
Daigne protéger son retour!»

«Déjà les vagues en furie,
O mon père, atteignent ton bord!
Tu veux fuir la côte ennemie,
Tu crains de naufrager au port!»

Plus calme enfin le jour commence,
La mer se teint de pourpre et d'or;
Sans crainte, le pêcheur s'avance,
Quand sa fille disait encor;

—

LE DÉPART DES MISSIONNAIRES.

Partez, hérauts de la bonne nouvelle,
Voici le jour, appelé par vos vœux;
Rien désormais n'enchaîne votre zèle,
Partez, amis, que vous êtes heureux!
Oh! qu'ils sont beaux vos pieds, missionnaires!
Nous les baisons avec un saint transport.

Oh! qu'ils sont beaux sur ces lointaines terres
Où règnent l'erreur et la mort!

Refr. Partez, amis, adieu pour cette vie!
Portez au loin le nom de notre Dieu;
Nous nous retrouverons un jour dans la patrie,
Adieu frères, adieu!

Qu'un souffle heureux vienne enfler votre voile!
Amis, volez sur les ailes des vents;
Ne craignez pas, Marie est votre étoile,
Elle saura veiller sur ses enfants!
Respecte, ô mer, leur mission sublime,
Garde-les bien, sois pour eux sans écueil;
Et sous ces pieds qu'un si beau zèle anime,
De tes flots abaisse l'orgueil!

Hâtez vos pas vers ces peuples immenses;
Ils sont plongés dans une froide nuit,
Sans vérité, sans Dieu, sans espérances,
Infortunés! l'enfer les engloutit.
Soldats du Christ! soumettez-lui la terre;
Que tous les lieux entendent votre voix!
Portez partout la divine lumière,
Partout l'étendard de la croix!

Empressez-vous dans la sainte carrière,
Donnez à Dieu vos peines, vos sueurs;
Vous souffrirez, et votre vie entière
S'écoulera dans de rudes labeurs.
Peut être aussi tout le sang de vos veines
Sera versé! Vos pieds, ces pieds si beaux,
Peut être un jour, seront chargés de chaînes,
Et vos corps livrés aux bourreaux!

Partez, partez, car nos frères succombent,
Le temps, la mort ont décimé leurs rangs;
Ne faut-il pas remplacer ceux qui tombent
Sous le couteau de féroces tyrans?
Heureux amis, partagez leur victoire,
Suivez toujours les traces de leurs pas:
Dieu vous appelle, et du sein de la gloire
   Nos martyrs vous tendent les bras!

Soyez remplis du zèle apostolique;
La pauvreté, les travaux, les combats,
La mort: Voilà l'avenir magnifique
Que notre Dieu réserve à ses soldats.
Mais, parmi nous, il n'est point de cœur lâche;
A son appel, tous nous obéirons,
Nous braverons et la cangue et la hache,
   Oui, s'il faut mourir, nous mourrons!

Bientôt, bientôt nous courrons sur vos traces,
Cherchant partout une âme à convertir,
Nous franchirons ces immenses espaces,
Et nous irons tous prêcher et mourir,
Oh! le beau jour, quand le roi des apôtres
Viendra combler le désir de nos cœurs,
Récompenser vos travaux et les nôtres
   Et nous proclamer tous vainqueurs!

En nous quittant vous demeurez nos frères,
Pensez à nous devant Dieu, chaque jour.
Restons unis par de saintes prières,
Restons unis dans son divin amour.
O Dieu Jésus! notre Dieu, notre Maître,
Protégez-nous, veillez sur notre sort!
A vous nos cœurs, notre sang, tout notre être,
   A vous à la vie, à la mort!

———

REGAGNE LE RIVAGE.

Pêcheur, près de ces bords,
Contre les vents tu défends ta nacelle:
Tu vas dompter l'onde rebelle,
Le flot résiste à tes efforts.

Refr. Regagne le rivage,
Ramène ton bateau;
J'entends gronder l'orage,
Crois-moi, rentre au hameau.

Pêcheur, lève les yeux,
Déjà ta barque est bien loin de la terre;
Écoute le bruit du tonnerre,
Vois l'éclair sillonner les cieux!

Entends siffler les vents!
Autour de nous la nuit étend son ombre.
L'onde mugit, le ciel est sombre,
Tu n'as plus que quelques instants!

REVIENDRAS-TU, PETIT OISEAU?

Petit oiseau, doux charme de ma vie,
Dont les accents sont si mélodieux;
Voici l'hiver, ma fauvette chérie,
Tu vas fixer ton vol vers d'autres cieux.
Dans ton exil, ma belle infortunée,
Oubliras-tu tes amis, ton berceau?
Quand renaîtra la saison tempérée,
Reviendras-tu, mon cher petit oiseau?

Tu vas gémir bien loin de la patrie,
Petit oiseau, symbole du bonheur;
Mais chaque jour, chaque jour de ma vie,
Je n'aurai plus que regrets et douleurs!
A t'écouter je goûtais tant d'ivresse,
Quand tu venais chanter sur ce roseau;
Pour dissiper mes ennuis, ma tristesse,
Reviendras-tu, mon cher petit oiseau?

Mais le printemps, dans notre Normandie,
A reverdi les coteaux d'alentour;
Dans le bosquet, ta douce mélodie
N'a pas encore annoncé ton retour.
Pauvre petit chantre de la vallée,
Que tout rappelle au sein de ce hameau,
Pour consoler mon âme désolée,
Reviens, reviens, mon cher petit oiseau!

—

OU VAS-TU PETIT OISEAU?

Petit oiseau, timide encore,
Echappé du buisson natal;
Où vas-tu donc depuis l'aurore?
Jeune imprudent, redoute un sort fatal.
Loin du soutien de ta force éphémère,
A la jeunesse, on tend plus d'un réseau.
Ah!....
L'écho m'a dit les soupirs de ta mère,
Où vas-tu donc, pauvre petit oiseau?

Que te manquait-il auprès d'elle?
N'avais-tu pas les grains de mil,
Pour t'écouter son cœur fidèle,
Pour t'égayer les doux soleils d'avril?
Les champs, pour toi, n'avaient pas d'onde amè- [re
Et la cité n'a pas de pur ruisseau!
Ah!....

Est-ce le plaisir qui t'amène?
Son faux éclat t'a-t-il séduit?
Plus d'un piége, en son beau domaine,
T'attend, caché sous les fleurs d'aujourd'hui.
Va, rien ne vaut, pour bercer ta chimère,
Le nid d'amour que balance un roseau.
Ah!....

Tu crains ma voix rude et sévère;
Dieu, quelquefois, punit pourtant
L'enfant ingrat qui fuit sa mère,
Lorsque sa mère, au loin, pleure et l'attend.
Ne crains-tu pas, au jour de ta misère,
De retrouver un nid vide au hameau?
Ah!....

LA LÉGENDE DU GRAND ÉTANG.

Refr. Petits enfants, n'approchez pas,
Quand vous courez dans la vallée,
Du grand étang qu'on voit là-bas,
Qu'on voit là-bas caché sous la feuillée.

Écoutez ce qu'il arriva
D'un enfant blond qui s'esquiva
Des bras de sa mère:
C'était un jour, jour sans pareil,
Tout de parfums et de soleil,
De brise légère;
Et les oiseaux peuplaient les airs,
Pour enchanter de leurs concerts
La nature entière.

L'enfant, sous le bleu firmament,
S'en allait, les cheveux au vent,
Et par la prairie.
Quand il eut fait, de papillons

Et de bleuets par les sillons,
   Sa moisson chérie;
Tout petit, près du grand étang,
Il arriva tout haletant
   Et l'âme ravie.

La demoiselle aux ailes d'or
Allait, rasait, rasait encor
   L'onde frémissante,
Puis sur un nénuphar en fleurs,
Fière de ses mille couleurs,
   Se posa brillante.
Pour la saisir l'enfant courut;
Elle s'enfuit, il disparut
   Sous la fleur tremblante.

Quand vint le soir, sa mère en pleurs
Disait aux joncs, disait aux fleurs
   Sa douleur amère.
La fleur en or, lui répondit:
«Ne pleure plus ton cher petit,
   O toi, bonne mère;
Car j'ai vu l'ange au front vermeil
Qui l'emportait dans le soleil,
   Bien loin de la terre.»

Depuis, enfants, quand vient minuit,
Le feu follet danse et reluit
   Sur les bouts de branche;
Et l'on voit glisser sur les eaux,
Sortant du sombre des roseaux,
   Une femme blanche,
Qui s'en vient conter ses douleurs
Aux rameaux d'un vieux saule en pleurs
   Qui sur l'eau se penche.

LES POMPIERS.

Refr. Pompiers, pompiers, aux cris d'alarmes
Répondez par un cri d'espoir;
Soyez toujours prêts à voler aux armes,
Quand le vent siffle et que le ciel est noir.

Pompiers, qu'un cri d'alarme autour de vous résonne,
Que le tambour appelle, ou que la cloche sonne,
Au feu vous vous trouvez toujours prêts à courir;
N'importe les périls, la route défoncée,
Les horreurs d'une nuit pluvieuse et glacée
        Et la distance à parcourir.

Comme les anciens preux qui dormaient sous leur ten-
Sans jamais déposer leur armure éclatante,   [te,
Vous dormez l'œil ouvert et la hache à la main.
Aussi dans les foyers tout encore est silence,
Que déjà, sous le casque et l'habit d'ordonnance,
        Au feu vous vous portez soudain!

Dans les lieux désolés que la flamme ravage,
Qu'elle menace et teint de sa lueur sauvage,
Vous arrivez soudain, haletants, épuisés.
Près de vous est le feu dont croît la véhémence:
C'est là, frères, c'est là que la lutte commence,
        Sur des faîtages embrasés!

A votre arme l'honneur des habiles manœuvres,
Des expédients hardis, des héroïques œuvres
Qu'exécute le bras et qu'inspire le cœur!
Bravé dans sa puissance et combattu de face,
Il faut que l'ennemi se retire, s'efface,
        Abdique devant son vainqueur!

LE RETOUR DE PIERRE.

Pour aller venger la patrie,
Jeune encor, je quittai les champs;
Au silence de la prairie,
A succédé le bruit des camps.
Combien de fois pendant la guerre,
Songeant au bonheur du hameau,
J'ai regretté mon vieux père,
Et ma chaumière et mon troupeau!

Du serment de servir la France
Vingt blessures m'ont dégagé,
Et j'emporte, pour récompense,
La croix du brave et mon congé.
Loin du tumulte de la guerre,
Je vivrai paisible au hameau;
Je reverrai mon vieux père,
Et ma chaumière et mon troupeau!

Braves soldats, mes frères d'armes,
Dont j'ai toujours suivi les pas,
Dans vos succès, dans vos alarmes,
Compagnons, ne m'oubliez pas.
Recevez les adieux de Pierre;
Demain, il retourne au hameau,
Revoir encore son vieux père,
Et sa chaumière et son troupeau!

Si, vers les frontières de France,
L'ennemi marchait en vainqueur,
Le noble élan de la vaillance
Soudain, ferait battre son cœur.
Avec ardeur, on verrait Pierre,
Pour chercher au loin son drapeau,

Quitter encore son vieux père,
Et sa chaumière et son troupeau!

—

MON AMI PIERRE EST MORT.

Pour la milice on m'a choisi:
Le sort m'avait nommé; mais Pierre
Vit pleurer ma sœur et ma mère;
Et Pierre, à ma place, est parti.
Pourquoi l'avons-nous laissé faire?
Pour prix de ce sublime effort,
  Mon ami Pierre
   Est mort!

«Frère, adieu, je vais m'engager,
M'a-t-il dit; je perdrai la vie,
Avant de voir notre patrie
Sous le sceptre de l'étranger.»
Mais déjà gronde au loin la guerre:
Ah! me suis-je dit tout d'abord,
  Mon ami Pierre
   Est mort!

Tout renaît et des jours nouveaux
Rendront la paix à nos montagnes,
Et la verdure à nos campagnes,
Et la victoire à nos drapeaux.
Mais, au sein de notre chaumière,
Le bonheur ne peut luire encor:
  Mon ami Pierre
   Est mort!

Le calme succède aux combats,
Je n'entends plus les cris de guerre;
Voici déjà la nuit, et Pierre,

Mon ami Pierre ne vient pas.
Le vent soufflant dans la bruyère,
Seul au loin mugit sur ce bord:
Mon ami Pierre
Est mort!

Une clochette a retenti:
Qu'entends-je? Est-ce une erreur nouvel-
C'est Yvan, c'est mon chien fidèle, [le?
D'espoir mon cœur a tressailli!
Il s'avance, mais solitaire,
Et tout me dit à son abord:
Mon ami Pierre
Est mort!

Yvan, que me veux-tu? Pourquoi
Baisser ta tête gémissante?
D'où vient cette tache sanglante?
Yvan, ce sang est-il à toi?
Hélas! ton humide paupière
M'a trop confirmé notre sort:
Mon ami Pierre
Est mort!

Mais un espoir nous est offert,
Viens, guide-moi vers sa dépouille,
Enlevons cette antique rouille
Dont ce vieux mousquet est couvert.
Adieu, ma sœur, adieu, ma mère,
Adieu, pourquoi vivrais-je encor?
Mon ami Pierre
Est mort!

LA PLAINTE DU MOUSSE.

Pourquoi m'avoir livré, l'autre jour, ô ma mère,
A ces hommes méchants, qu'on nomme matelots,
Qui toujours aux enfants parlent avec colère,
Et se plaisent à voir leurs cris et leurs sanglots?
Toi mère, tu rendais la douleur moins pénible,
Ta voix était plus douce à celui qui pâtit;
Si ces gens sont mauvais, la mer est bien terrible,
Ma mère, qu'as-tu fait de ton pauvre petit!

Dans ton logis, le pain était bien noir, ma mère;
Mais ta main le donnait avec des mots si doux,
Que pour moi la saveur en était moins amère,
Et puis je le mangeais, assis sur tes genoux!
Ici, point de pitié, personne, hélas! qui m'aime;
Et lorsque le repas des autres se finit,
On me jette ma part en lançant un blasphème:
Ma mère, qu'as-tu fait de ton pauvre petit!

Mais, qui vient donc encor troubler ma rêverie?
Un bruit, qui m'épouvante, a retenti partout:
Voici l'aigre sifflet du maître qui nous crie:
Quittez votre hamac, allons, debout, debout!
On se parle tout bas et chacun s'inquiète,
J'entends les mâts craquer et la mer qui mugit!....
Tout le ciel est en feu! grand Dieu! c'est la tempête!
Ma mère, qu'as-tu fait de ton pauvre petit!

L'HIRONDELLE DE L'EXILÉ.

Pourquoi me fuir, passagère hirondelle?
Ah! viens fixer ton vol auprès de moi!
Pourquoi me fuir, lorsque ma voix t'appelle?
Ne suis-je pas exilé comme toi!

Peut-être hélas! des lieux qui t'ont vu naître,
Un sort cruel te chasse ainsi que moi!
Viens déposer ton nid sur ma fenêtre:
Ne suis-je pas exilé comme toi!

Dans ce désert, le destin nous rassemble;
Va, ne crains pas de rester avec moi.
Si tu gémis, nous gémirons ensemble;
Ne suis-je pas exilé comme toi!

Quand le printemps reviendra te sourire,
Tu quitteras et mon asile et moi;
Tu voleras au pays du Zéphyre,
Ne puis-je, hélas! y voler comme toi!

Tu reverras ta première patrie,
Ton premier nid, et tes amours! Et moi,
Un sort cruel consigne ici ma vie;
Ne suis-je pas plus à plaindre que toi!

LE FRÈRE DU GUIDE.

Quand il partait pour guider dans la neige
Les pas errants de quelques voyageurs,
Il me disait:« Vois le ciel nous protége,
Plus de misère, allons, séchons nos pleurs.»
    Frère, frère, oh! pars sans effroi,
Frère, frère, ah! Dieu veillera sur toi!

Devant la croix, je faisais ma prière,
Et mes regards cherchaient, dans le lointain,
Mon Antonio mon seul soutien sur terre!
En le voyant, je lui chantais soudain:
    Frère, frère, oh! pars sans effroi,
Frère, frère, ah! Dieu veillera sur toi.

Un soir, hélas! sous la pauvre cabane,
Je l'attendais, le cœur serré d'émoi;
L'oiseau de mort, qui sur ma tête plane,
Vint m'annoncer qu'il mourait, loin de moi!
    Frère, frère, on te cherche en vain,
Frère, frère, ah! resterai-je orphelin!

De l'avalanche où Dieu creusa sa tombe,
Je crois le voir apparaître à mes yeux.
Fais, ô Seigneur, qu'aussitôt je succombe,
Pour m'envoler, avec lui, dans les cieux.
    Frère, frère, on te cherche en vain,
Frère, frère, ah! resterai-je orphelin!

—

SI LOIN.

Quand le soir, à bord, ils chantent
Leurs mille refrains joyeux;
Ces refrains qui les enchantent,
Me font triste et soucieux.
Moi, quand l'étoile se lève,
Toujours, Dieu m'en est témoin!
Au lieu de chanter je rêve,
A ma mère, hélas! si loin!

Quand, signal d'une bataille,
Pour nous, le feu va briller,
Au milieu de la mitraille,
Enfants, je suis le premier.
Oui, même ardeur nous rassemble;
Pourtant, Dieu m'en est témoin!
Le cœur me bat et je tremble
Pour ma mère, hélas! si loin!

Quand, en mer, près de nous passe,
Allant en France, un vaisseau,

Pour le suivre dans l'espace,
Je porte envie à l'oiseau.
Comme il va dans ma patrie,
Pleurant, Dieu m'en est témoin!
Je lui jette un nom, et prie
Pour ma mère, hélas! si loin!

MA NORMANDIE.

Quand tout renaît à l'espérance
Et que l'hiver fuit loin de nous;
Sous le beau ciel de notre France
Quand le soleil devient plus doux;
Quand la nature est reverdie,
Quand l'hirondelle est de retour;
J'aime à revoir ma Normandie,
C'est le pays qui m'a donné le jour.

J'ai vu les champs de l'Helvétie,
Et ses chalets et ses glaciers;
J'ai vu le ciel de l'Italie,
Et Venise et ses gondoliers.
En saluant chaque patrie
Je me disais: Aucun séjour
N'est si beau que ma Normandie,
C'est le pays qui m'a donné le jour.

Il est un âge, dans la vie,
Où chaque rêve doit finir,
Un âge où l'âme recueillie
A besoin de se souvenir.
Lorsque ma muse refroidie
Aura fini ses chants d'amour,
J'irai revoir ma Normandie,
C'est le pays qui m'a donné le jour.

Quand je reverrai la prairie,
Je chanterai ce chant d'amour,
Ce refrain, qu'en d'autre patrie,
Je redisais à chaque jour.
Auprès de ma mère chérie,
Quand j'aurai fixé mon séjour,
Je chanterai ma Normandie,
C'est le pays qui m'a donné le jour.

—

LES MOISSONS.

Que chacun prenne sa faucille,
Voici les beaux jours des moissons;
Allons, marchons, courons, sautons.
Petits et grands, rangés en file,
Accourons gaîment aux sillons,
Allons, marchons, courons!

Quand nous aurons tous fait nos gerbes,
De belles fleurs nous cueillerons;
Allons, marchons, courons, sautons.
Puis, les liant avec des herbes,
Des couronnes nous tresserons,
Allons, marchons, courons!

Le soir à notre sage père
Nos épis nous présenterons;
Allons, marchons, courons, sautons.
Du bon pain il en pourra faire,
Qu'ensemble nous partagerons,
Allons, marchons, courons!

A l'enfant qui n'a plus de mère,
Qui n'a point non plus de moissons,
Allons, marchons, courons, sautons;

8

Afin d'adoucir sa misère,
De notre pain nous donnerons,
Allons, marchons, courons!

C'est Dieu qui donne ce qu'on sème,
Et qui fait mûrir les moissons;
Allons, marchons, courons, sautons.
C'est un bon père qui nous aime,
Du fond du cœur nous l'aimerons,
Allons, marchons, courons!

———

LES PASTEURS.

Que j'aime l'onde claire
Coulant en doux ruisseau,
Loin de l'aride pierre
Où murmure son eau.
A l'ombrage
De ce feuillage,
Aux rives de ces eaux,
Joyeux pasteurs, amenez vos troupeaux:
Allons vers l'onde claire
Coulant en doux ruisseau,
Loin de l'aride pierre
Où murmurait son eau.
Allons pasteurs!

Que j'aime l'aubépine
Qui pend en blancs festons;
Mais fuyez son épine
Et ses durs aiguillons;
A l'ombrage
De ce feuillage,
Aux rives de ces eaux,
Joyeux pasteurs, amenez vos troupeaux:
Allons vers l'aubépine,

Qui pend en blancs festons;
Mais fuyons son épine,
Et ses durs aiguillons,
    Allons pasteurs!

Que j'aime le ramage
Et les joyeux concerts
Des oiseaux du bocage,
Aux plumages divers.
    A l'ombrage
    De ce feuillage,
Aux rives de ces eaux,
Joyeux pasteurs, amenez vos troupeaux:
    Ecoutez le ramage
    Et les joyeux concerts
    Des oiseaux du bocage,
    Aux plumages divers.
        Allons pasteurs!

Que j'aime la prairie,
C'est là qu'est mon palais,
Sur sa nappe fleurie,
Sous ces ombrages frais.
    A l'ombrage
    De ce feuillage,
Aux rives de ces eaux,
Joyeux pasteurs, amenez vos troupeaux:
    Allons vers la prairie,
    C'est là qu'est mon palais;
    Sur sa nappe fleurie,
    Sous ces ombrages frais.
        Allons pasteurs!

D'OU VIENS-TU BEAU NUAGE?

Quel oiseau te dépasse,
Vapeur que rien ne lasse?

Quand tu fuis dans l'espace,
Mon front devient rêveur.
Où l'aurore se lève,
Je cherche, dans mon rêve,
Le rivage, la grève,
Où m'attend le bonheur.
D'où viens-tu beau nuage,
Emporté par le vent?
Viens-tu de cette plage
Que je pleure souvent?

As-tu vu ma compagne?
As-tu vu ma montagne,
Notre ciel de Bretagne,
Notre ciel étoilé?
As-tu vu le calvaire
Où, chaque soir, ma mère
Va dire une prière,
Pour le pauvre exilé?
Par pitié, beau nuage,
Sur les ailes du vent,
Porte-moi sur la plage
Que je pleure souvent!

PRIÈRE PENDANT L'ORAGE.

Quel vent, quelle poussière!
Ma mère entendez-vous?
Le ciel gronde sur nous,
Rentrons dans la chaumière.
Là-bas, comme il fait noir!
Le soleil est dans l'ombre,
Le ciel du jour est sombre
Comme le ciel du soir.

Pour notre jeune frère
Qui doit prier pour nous,

Prions à deux genoux:
Prions, ma bonne mère!
Dieu! gardez au hameau
La croix de notre père,
Et la fleur printannière
Qui pare son tombeau!

Soutenez le courage
Du pauvre voyageur,
Secourez le pêcheur
Voguant loin du rivage;
Mais les vents sont plus doux,
Bien loin est le tonnerre,
Rassurez-vous, ma mère,
Dieu prend pitié de nous!

—

LE RETOUR DE L'HIRONDELLE.

Que tardes-tu, chère hirondelle,
    A revenir?
Toi des oiseaux le plus fidèle
    Au souvenir.
Ah! c'est que, pendant ton absence,
    Les noirs frimats
Nous font bien rude l'existence,
    Dans ces climats.

Plus rien aux champs, plus rien sur l'arbre!
    Le vent du Nord
Durcit les flots, comme du marbre,
    Tout semble mort.
A ton retour, tout va renaître,
    Tout te bénit.
L'espoir s'attache à la fenêtre,
    Avec ton nid.

Hâte-toi donc, fuis les platanes
Et les palmiers;
Reprends ton nid sous les cabanes,
Près des ramiers.
Comme à tes amours, reste unie
Aux indigents;
Tendre oiseau, sois le bon génie
Des bonnes gens.

Quand l'orage sur leur masure
Gronde en courroux,
Ton nid respecté les rassure
Contre ses coups.
Il est tel qu'il était encore
Quand tu partis;
Ton amour y peut faire éclore
D'autres petits.

Oh! reste, approche, sois sans crainte,
Tu peux chanter;
Mon cœur fait taire toute plainte
Pour t'écouter.
Conte-moi, chère voyageuse,
Par quel pouvoir
Tu franchis la mer orageuse
Pour nous revoir!

Dis, bien longue est la traversée,
Le ciel changeant;
Dis quels nuages t'ont bercée
En voyageant.
Quand l'ouragan brise les ailes
D'un grand vaisseau,
Comment peut-il épargner celles
D'un frêle oiseau?

Pour toi point de route inconnue:
 Libre en ton vol,
Tu vas tantôt rasant la nue,
 Tantôt le sol.
Oh! que ne puis-je aussi te suivre
 D'un vol pareil,
Et tout le jour, comme toi, vivre
 Dans le soleil!

Mais en vain l'âme sollicite
 La liberté,
L'oubli du ciel nous rend petite
 L'immensité.
L'âpre souci d'un bien qui passe
 Courbe nos fronts;
Il nous ravit l'air et l'espace
 Et nous mourons!

L'AMOUR D'UNE MÈRE.

Qui salua ma vie
D'un cri tendre et joyeux?
Qui me reçut, ravie,
Comme un présent des cieux?
Qui trouvait, sans le dire,
Un mot pour mes douleurs,
Pour ma joie un sourire,
Un baiser pour mes pleurs?

C'est elle, ma mère chérie,
Ma mère, amour pur ici-bas;
Amour que jamais on n'oublie,
Amour qu'on ne remplace pas.

Qui, du doigt, la première,
Me montra le ciel bleu,

M'enseigna la prière,
Et me fit aimer Dieu?
D'un bonheur sans mélange,
Qui sut dorer mes jours?
Enfin, comme un bon ange,
Qui me guida toujours?
C'est elle ....

Si vous avez encore
Ce bon ange gardien,
Vous que son cœur adore,
Enfants, aimez-le bien.
D'une vie aussi chère
Ne perdez pas un jour:
Dieu ne donne sur terre
Qu'une fois cet amour.

L'amour d'une mère chérie,
L'amour le plus pur ici-bas,
Le seul que jamais on n'oublie,
Le seul qu'on ne remplace pas.

LA BARCAROLLE DE FRÈRE LÉONCE.

Quittons le rivage,
La brûlante plage,
Allons sur les flots;
Le ciel est propice,
Sous un tel auspice,
Partons, matelots.

Refr. Heureux pêcheurs,
Joyeux chanteurs,
Dans notre barque,
Mieux qu'un monarque,

Le vrai plaisir
Vient nous ravir.

Quelle mer tranquille!
Oh! qu'elle est docile!
C'est un cristal pur;
Et notre nacelle,
Comme l'hirondelle,
Vole sur l'azur.

La douce Madone
Le beau temps nous donne,
Prions-la toujours!
Que jamais l'orage,
Le sombre nuage,
N'attriste nos jours!

—

MA CHÈRE HELVETIE.

Retournons dans nos campagnes,
Charmant séjour, qu'habite le bonheur;
Retournons sur nos montagnes,
Sur leurs sommets on a la paix du cœur.
Douce patrie,
Riants coteaux,
Tendres agneaux,
Vertes prairies;
Ah! loin de vous plus de beaux jours,
Je vous regretterai toujours!

Au pays plus de souffrance,
On n'y voit point d'amertume du cœur;
C'est au sein de l'abondance
Qu'en nos chalets réside le bonheur.
Ma tendre mère,

Père si bon,
Charmant vallon,
Douce chaumière,
Ah! quand pourrai-je vous revoir?
Mon cœur toujours répète: Espoir!

Souvent mon âme attendrie
Se ressouvient de cet heureux séjour,
Et pour ma chère Helvétie
Mon pauvre cœur soupire nuit et jour.
Lieux de l'enfance,
Du bel espoir,
De vous revoir
J'ai l'espérance;
Près de vous seuls sont les beaux jours,
Oh! je vous aimerai toujours!

—

PETIT OISEAU.

—Rêve, parfum ou frais murmure,
Petit oiseau, qui donc es-tu?
—Je suis l'amant de la nature,
Créé par Dieu, par lui vêtu;
Je suis un prince sans royaume,
Je suis heureux, peu m'importe où,
Et malgré tout ce qu'en dit l'homme,
Je suis le sage il est le fou.

—Dans tes chansons toujours joyeuses,
Petit oiseau, que chantes-tu?
—Je chante mes plumes soyeuses,
Ma liberté, mon bois touffu.
Je chante l'astre qui rayonne,
Le nid, objet de mes amours;
Je chante le Dieu qui me donne
Le grain de mil et les beaux jours.

—De nos bosquets, hôte infidèle,
Petit oiseau, dis, où vas-tu?
—Je vais où me porte mon aile,
Vers l'avenir, vers l'inconnu.
Je vais où va l'homme moins sage;
Tous deux, même but nous attend:
Nous faisons le même voyage,
L'un en pleurant, l'autre en chantant.

—Mais au terme de ton voyage,
Petit oiseau, qu'espère-tu?
—J'espère le repos du sage,
Si doux au voyageur rendu.
J'espère, au Dieu de la nature,
Rendre ce qu'il m'avait prêté:
Ma plume blanche et ma voix pure,
Mon innocence et ma gaîté.

SOUVENIR D'ENFANCE.

CHANT DÉDIÉ AU P. JOSEPH REY PAR UN DE SES ANCIENS ÉLÈVES.

Revenez, mes beaux jours! Fuyez, esprits moroses;
Soucis et noirs chagrins, disparaissez d'ici;
Mon pauvre cœur a vu dans un songe de roses,
Qu'on est heureux là-bas; moi, je veux l'être aussi.
Oui, de loin je m'unis à cette foule heureuse,
Qui, pleine en cet instant de bonheur et d'amour,
Environne un bon père à la mine rieuse,
Et dans un doux accord, lui chante en ce beau jour:

Refr. Ange de paix et de tendresse,
Permets à tes heureux enfants
De te donner une caresse
Pour réjouir tes cheveux blancs.

L'étoile du bonheur brille à votre visage,
Enfants, loin de vous, fuit l'amertume des pleurs;
La ronce du chemin plie à votre passage,
Et votre main encor n'a cueilli que des fleurs.
Le lointain horizon à l'espoir vous convie;
Des nobles actions le rêve vous poursuit;
Votre âme belle et pure, au printemps de la vie,
Murmure un si doux chant que le ciel en sourit.

Ah! puisse ton parfum, beau lis qui viens d'éclore,
Comme un divin encens s'élever jusqu'aux cieux,
Et toujours pur et suave, au soir comme à l'aurore,
S'exhaler au déclin d'un jour délicieux!
Comme la vôtre, enfants, ma jeunesse eut ses charmes;
J'eus, comme vous, un père, un guide, un sûr appui;
Ma vie était alors sans tristesse et sans larmes,
Et mon cœur se plaisait à chanter près de lui:

Oh! je te reverrai, j'en garde l'espérance,
Mon séduisant Cîteaux, je t'aimerai toujours!
Mes dimanches pieux, frères, amis d'enfance,
Votre cher souvenir m'est présent tous les jours.
Alors, de mon exil oubliant la tristesse,
Joyeux, je redirai, du matin jusqu'au soir,
Cet immortel refrain qui me poursuit sans cesse,
Et sera, loin de vous, mon consolant espoir:

—

LA BANNIÉRE.

Salut, salut, ô bannière sacrée,
Ton seul aspect vient embraser nos sens.
Noble étendard, ta devise adorée
D'un feu sublime inspire nos accents.
Son Dieu, son roi, l'honneur et la patrie,
Au ménestrel sont plus chers que la vie.

Refr. Gardons-le bien, ce drapeau de l'honneur,
Gardons-le bien, soyons-lui tous fidèles;
Et sur nos fronts, des palmes immortelles
Viendront enfin couronner le vainqueur.

Que j'aime à voir ces palmes du martyre,
Ces jets brillants s'élancer jusqu'aux cieux!
Et sur les fleurs qui couronnent ta lyre,
Oh! qu'il est doux de reposer mes yeux!
Dieu des chrétiens, exauce ma prière,
Du ménestrel viens bénir la bannière!

Fier Sarrazin, si tes hordes sauvages
Dans nos vallons portaient encor leurs pas,
Au bras vengeur de ces sanglants outrages,
Nous le jurons, tu n'échapperas pas!
Gage divin d'espérance et de gloire,
Au ménestrel tu promets la victoire!

—

SI JÉTAIS-T-INVISIBLE.

Si c'était possible
D'avoir un secret
Pour être invisible,
Oh! comm' ça m'irait,
Comm' je m'en donn'rais;
Car vrai! c'est un fait,
Si j'étais-t-invisible,
Personn' ne me verrait.
Si çà s'pouvait pourtant qu' ça s' pusse
Qu'y ait des sorciers comme autrefois,
Qui vous chang'raient en mouche en puce,
J'en us'rais plus d'un' fois par mois.
Oh! là j'en f'rais-t-y des malices!
J' f'rais-t-y des tours, des artifices,
A tous ceux que j' peux pas souffrir!

Ils n'auraient qu'à bien se tenir.
Oh! là, mon Dieu! qu' jaurais donc du plaisir!
Comm' j'mamus'rais!
Comm' je rirais!
Quels malins tours j'inventerais!
Si c'était possible....

D'abord et d'une, y a le maîtr' d'école,
J's'rais bien flatté de l' contrarier.
J'l'y remplirais sa chais' de colle,
J'l'y tremp'rais l' nez dans l'encrier.
Rag'rait-y de n' pas me r'connaître!
Et d'loin, quand j' verrais l' gard'champêtre,
Pendant que j' chipp' des abricots,
Sur son nez j' tir'rais les noyeaux
En lui criant: Je mang' tous les plus gros.
Pardi, ma foi!
J' me moqu' de toi,
Car tu n' peux pas dir' que c'est moi.
Y n's'rait pas possible
D' voir d'où qu' ça viendrait;
Oh! qu' ça s'rait risible,
Oh! qu' ça s'rait bien fait,
Oh! comme'y bisqu'rait;
Car vrai, c'est un tait,
Si j'étais-t-invisible
Personn' ne me verrait!

Un homm' savant qu'est v'nu Dimanche,
Et qui possède un tas d' secrets,
M' dit: «Frott' toi d' cett' poudre blanche,
Tu s'ras-t'invisibl', j' t' le promets!»
V'là que j'me frott' bien vit d' sa drogue:
Puis j'vas m' prom'ner; mais un gros dogue
Qui prenait comm' moi l'air du soir,
M'a mordu, sans qu' j'ai pu savoir
S'il m'a mordu sans du tout m'aperc'voir,

Oui, m'a-t-il vu?
Je n' lai point su;
Mais j'ai sentu qu'il m'a mordu.
Au fait c'est possible
Que c' fameux secret
Pour être invisible,
Ne soit pas complet!
Et ça m' taquinait,
Et ça m' tourmentait,
C' m'était très-sensible,
Surtout au mollet!

—

RENDEZ-MOI MA PATRIE.

Souvenirs du jeune âge
Sont gravés dans mon cœur;
Et je pense au village
Pour rêver au bonheur.
Ah! ma voix vous supplie
D'écouter mon désir:
Rendez-moi ma patrie
Ou laissez-moi mourir!

Dans nos bois, le silence,
Les bords d'un clair ruisseau,
La paix et l'innocence,
Des enfants du hameau:
Ah! voilà mon envie,
Voilà mon seul désir;
Rendez-moi....

O beaux jours de l'enfance,
Qui se berce et s'endort
Dans son insouciance
Et dans ses rêves d'or:
Temps si doux de ma vie,

J'aime ton souvenir;
Rendez-moi....

Pourrai-je vivre encore
Loin de ce ciel si pur,
Que Dieu même décore
D'or, de pourpre et d'azur!
Ce ciel, c'était ma vie,
Pourquoi me le ravir?
Rendez-moi....

Ah! l'oiseau fend l'espace
De son rapide essor,
Et le nuage passe
Insensible à mon sort:
En vain je leur confie
Ma plainte et mon soupir!
Rendez-moi ....

TROP TARD.

Sur ce rivage où t'attendait ta mère,
Ami, pourquoi plus tôt ne pas venir?
Seul en ces lieux j'ai fermé sa paupière,
Oui, seul, hélas! j'eus son dernier soupir!
A l'horizon, quand apparut ta voile,
Ta pauvre mère était bien près des cieux;
De l'espérance avait pâli l'étoile,
Pourtant encor je lisais dans ses yeux:

Bons matelots,
Redoublez de courage,
Fendez les flots,
Soyez vite au rivage:

Une mère qui va mourir
Attend son fils pour le bénir.

Lorsque, le soir d'une belle journée,
La pauvre mère interrogeait les cieux,
Par la douleur son âme était navrée:
Oh! que de pleurs j'ai vu baigner ses yeux!
Pourtant encore elle avait l'espérance;
Du malheureux seul et dernier soutien!
Elle disait, en regardant la France:
«Pour m'embrasser, demain, mon fils revient!»

J'ai vu souvent son front braver l'orage,
Quand un vaisseau demandait du secours;
Elle était là, priant sur le rivage,
Croyant te voir, elle exposait ses jours;
Quand le canon annonçait la détresse,
Quand son silence était signe de mort;
Je l'entendais, dans sa folle tendresse,
Je l'entendais, longtemps redire encor:

—

LE PETIT MOUSSE.

Sur le grand mât d'une corvette,
Un petit mousse noir chantait,
D'une voix plaintive, inquiète,
Ces mots que la brise emportait:
«Ah! qui me rendra le sourire
De ma mère m'ouvrant ses bras!
Filez, filez, mon beau navire,
Car le bonheur m'attend là-bas!»

«Quand je partis, ma bonne mère
Me dit, en ses tristes adieux:
De nos savanes, la chaumière

Ne paraîtra plus à tes yeux:
Pauvre enfant, si tu savais lire,
Je t'écrirais souvent, hélas!
Filez, filez....»

«On te dira, dans ton voyage,
Que la honte partout te suit;
On te dira que ton visage
Est aussi sombre que la nuit:
Sans écouter, laisse-les dire ,
Ton âme est blanche, eux ne l'ont pas!
Filez, filez....»

Ainsi chantait sur la misaine
Le petit mousse de tribord;
Quand tout à coup le capitaine
Lui dit, en lui montrant le port:
«Viens, mon enfant, loin du corsaire,
Sois libre et fuis les cœurs ingrats;
Tu vas revoir ta bonne mère,
Et le bonheur est dans ses bras!»

L'ENFANT DU BON DIEU.

Sur les marches de notre église,
Au son de l'Angelus du soir,
Pleurant, et par la nuit surprise
Une enfant un jour vint s'asseoir;
Pauvre petite abandonnée,
Dans les bois, toute la journée,
Elle avait crié vainement.
Orpheline, on l'avait perdue,
Et sa voix n'était entendue
Que des grands arbres et du vent.

Refr. L'enfant perdu, que sa mère abandonne,
Trouve toujours un asile au saint lieu;
Dieu qui le voit, le défend de son trône:
L'enfant perdu, c'est l'enfant du bon Dieu.

Le lendemain, à demi-morte,
On recueillit la pauvre enfant;
Chacun alors d'ouvrir sa porte,
Pour réchauffer son corps tremblant.
Rosette bégayait à peine,
Et n'osait timide, incertaine,
Au foyer étendre sa main:
Mais bientôt, reprenant courage,
Avec les enfants du village,
Elle jouait sur le chemin.

Ainsi, depuis seize ans, Rosette
Chaque jour grandit près de nous:
Elle est aujourd'hui, la pauvrette,
Belle comme l'ange à genoux.
Lorsqu'elle prie en sa chaumière,
Dans le silence sa prière
S'exhale en murmure joyeux:
Sagesse à la douceur unie.
Sa voix seule est une harmonie,
Son regard un reflet des cieux.

———

TE SOUVIENS-TU?

Te souviens-tu, brave enfant de la France,
Jeune soldat, gardien de son drapeau,
Te souviens-tu, qu'au jour de ton enfance,
Le Dieu d'amour visita ton berceau?
Te souviens-tu qu'un bon prêtre qui t'aime,
Te fit chrétien malgré Satan vaincu?

Et que ton front reçut l'eau du baptême,
Dis-moi, soldat, dis-moi, t'en souviens-tu?

Te souviens-tu que ta pieuse mère
Te racontait l'histoire du Sauveur?
Te souviens-tu de la pauvre chaumière
Où chaque jour tu priais le Seigneur?
Te souviens-tu de l'image bénie
Du bon Jésus, à ton lit suspendu?
Et le portrait de la Vierge Marie,
Dis-moi, soldat, dis-moi, t'en souviens-tu?

Te souviens-tu de l'église de pierre
Dont le clocher s'élançait dans les cieux?
Te souviens-tu de l'humble cimetière
Où tes parents dorment silencieux?
Durant les jours qu'ils ont passé sur terre,
Contre l'enfer ils ont bien combattu!....
Tu dois, comme eux, t'en aller en poussière,
Dis-moi, soldat, dis-moi, t'en souviens-tu?

Te souviens-tu de ce jour plein de charmes,
Où du Sauveur adorant l'humble croix,
Le cœur joyeux, les yeux mouillés de larmes,
Tu reçus Dieu, pour la première fois?
O jour céleste! o douce, ô pure ivresse!
Amour sacré, qu'êtes vous-devenu?
Dieu se souvient de sa sainte promesse,
Mais toi, soldat, dis-moi, t'en souviens-tu?

Ils te diront, les méchants, les impies,
Qu'on ne peut être et chrétien et soldat!
Jeune soldat, brave leurs railleries,
Et livre-leur un généreux combat.

Tous les héros, que la France révère
Furent aussi des héros de vertu.
La France et Dieu! c'était leur cri de guerre,
Dis-moi, soldat, dis-moi, t'en souviens-tu?

Te souviens-tu que le grand capitaine,
Napoléon, l'immortel Empereur,
Mourant captif, au roc de Sainte-Hélène,
Rendit hommage à la foi du Seigneur?
Il inclina sa tête triomphante,
Devant un prêtre; et, du ciel descendu,
Dieu reposa sur sa lèvre mourante,
Dis-moi, soldat, dis-moi, t'en souviens-tu?

Jeune soldat, reste toujours fidèle
A l'étendard, à la croix de Jésus,
Afin qu'au jour de la vie éternelle
Tu sois admis au banquet des élus!
Qu'il sera beau ce jour où Dieu lui-même
T'accordera le bonheur qui t'est dû
En te disant, dans sa bonté suprême:
«Je l'ai promis, soldat, t'en souviens-tu?»

—

MA MÈRE.

Toi dont l'image enchanteresse
Fait doucement rêver mon cœur,
Tu m'apparus dans ma jeunesse,
Comme l'ange de mon bonheur.
Vigilante comme l'aurore,
Ma mère tu veillais sur moi;
Avec bonheur je pleure encore
Des jours si beaux passés auprès de toi!

Pour toi, je cueillais la pervenche,
L'églantine, les dalhias,
Et la fleur qui sur l'eau se penche,
En disant: Ne m'oubliez pas!
Entre tes mains, pressé d'éclore,
Chaque bouton parlait pour moi;
Avec bonheur....

Le soir, quand la danse lascive
Foule les parfums et les fleurs,
Je me dis, d'une voix plaintive,
Tant d'ivresse cache des pleurs:
Plaisirs que le monde dévore,
Vous n'avez plus d'attrais pour moi!
Avec bonheur....

De ces beaux jours, un jour d'absence
N'efface point le souvenir:
Ma mère, ange de mon enfance,
Près de toi je veux revenir:
Ici, le ciel se décolore,
L'astre ne brille plus pour moi!
Avec bonheur.....

LA FAUVETTE CAPTIVE.

Refr. «Tous les oiseaux du bocage
Attendent tes airs si doux;
Envole-toi de la cage,
O fauvette, reviens-nous!»

«Le printemps a fait sa toilette,
Mai s'éveille aux chants des oiseaux;
Entends-tu la brise, ô fauvette,
Frissonner dans les verts rameaux?
Vois-tu passer les hirondelles,

Au nid, si longtemps déserté,
Reviens, Dieu t'a donné des ailes,
Et des chants pour la liberté!»

«L'an passé, pour tous, c'était fête,
Tes refrains égayaient nos bois;
Un pinson en perdit la tête,
Un rossignol resta sans voix;
Mais aujourd'hui, sous la ramée,
Plus de tournois joyeux, hélas!
Dans l'air, plus de chanson aimée,
La fauvette ne revient pas!»

Oui, reviens-nous, belle fauvette,
Reviens, et ris de l'oiseleur;
Ne crains point l'enfant qui te guette,
Brave le v utour, le chasseur.
Le grain de mil au sillon pousse,
Les bois ont de si doux ruisseaux!
Reviens vivre à ton nid de mousse,
Près de tes frères les oiseaux!»

A la fauvette prisonnière,
Ainsi gazouilla le pinson;
Si belle que fût la volière,
Pour elle, c'était la prison.
Un jour, elle s'enfuit joyeuse
Dans les bois comme auparavant:
Elle vit libre, aimée, heureuse;
Et le pinson lui dit souvent:
    «Tous les oiseaux du bocage
    Ecoutent tes airs si doux;
    Ne pense plus à la cage,
    Reste, o fauvette, avec nous!»
    ——

LE SAVETIER ET LE FINANCIER.

Trop amoureux de la cadence,
Un savetier chantait, et sa folle chanson,
Sciait un homme de finance,
Qui restait au premier dans la même maison.
Il faut qu'un bon savetier
Save, save, save, save, save, save, save,
Il faut qu'un bon savetier
Save, save, save, save, son métier.

Le financier lui dit: «Grégoire
Prenez ces cent écus, gardez-les avec soin,
Ne les gaspillez pas à boire,
Conservez-les, pour vous en servir, au besoin.»
C'était un fin financier,
Fine, fine, fine, fine, fine, fine, fine,
C'était un fin financier
Fine, fine, fine, fine, finassier.

Dedans sa cave il les recèle,
Met dessus sa commode et son lit à la fois,
Puis, il s'y pose en sentinelle,
Et le voilà qui perd son bonheur et sa joie.
Les voisins lui disaient tous:
Qu'ave, qu'ave, qu'ave, qu'ave, qu'ave, qu'ave,
Les voisins lui disaient tous:
Qu'ave, qu'ave, qu'ave, qu'ave qu'avez-vous?

Dix huit ans après, le pauvre homme
S'en vint dire à celui qu'il ne réveillait plus:
«Rendez-moi mes chants et mon somme,
Et nom d'un p'tit bonhomme, gardez vos cent écus.»
Ceci vous démontre que
Faut se, faut se, faut se, faut se, faut se faut se,

Ceci vous démontre que
Faut se, faut se, faut se contenter de peu.

—

LA GRACE DE DIEU.

«Tu vas quitter notre montagne,
Pour t'en aller bien loin, hélas!
Et moi, ta mère et ta compagne,
Je ne pourrai guider tes pas.
L'enfant que le ciel vous envoie,
Vous le gardez, gens de Paris;
Nous, pauvres mères de Savoie,
Nous le chassons loin du pays,
   En lui disant: adieu!
   A la grâce de Dieu!»

«Ici commence ton voyage;
Si tu n'allais pas revenir!
Ta pauvre mère est sans courage
Pour te guider, pour te bénir.
Travaille bien, fais ta prière,
La prière donne du cœur;
Et quelquefois, pense à ta mère,
Cela te portera bonheur:
   Va, mon enfant, adieu!
   A la grâce de Dieu!»

Il s'en va, l'âme désolée,
Gagner son pain sous d'autres cieux:
Longtemps, de loin, dans la vallée,
Sa mère le suivit des yeux.
Mais lorsque sa douleur amère
N'eut plus son cher fils pour témoin,
Elle pleura, la pauvre mère,
L'enfant qui lui disait de loin:

Ma bonne mère, adieu!
A la grâce de Dieu!

—

GENTIL RAMIER, RESTE AVEC MOI.

Refr. Tu veux t'enfuir de ma tourelle:
　　　Mais si tu pars, seul, loin de toi,
　　　Je gémirai, sois-moi fidèle,
　　　Gentil ramier, reste avec moi.

J'aimais à voir, de ta blanche parure,
L'éclat brillant entre toutes les fleurs;
Chaque matin, sous la douce verdure,
Quand de l'aurore on voit briller les pleurs!

Heureux ici sous ce riant feuillage,
Tu n'as vu luire encor que de beaux jours:
Reste avec moi dans le nid sous l'ombrage,
Où mon bonheur fut de t'aimer toujours!

Pourquoi voler vers un lointain rivage,
Où des méchants raviraient ta beauté?
Ah! trop souvent on trouve l'esclavage,
Où l'on pensait trouver la liberté!

Ne crains-tu pas, en quittant cet asile,
Les coups mortels du barbare chasseur?
Ne crains-tu pas aussi le vol agile
Du corbeau noir, de l'aigle ravisseur?

—

LE CORBEAU ET LE RENARD.

Un jour maître corbeau, sur un arbre perché,
Tenait dedans son bec un fromage glacé;
Lorsque maître renard, attiré par l'odeur,
L'accoste poliment par un propos flatteur.
    Sur l'air du tra la la la ....

Bonjour, maître Corbeau, comment vous portez-vous?
—Merci, maître Renard, ça n'va pas mal, et vous?
Et mes enfants aussi, hors mon p'tit nouveau-né
Qui par le temps passé s'est fort'ment enrhumé.

—Peste, mon cher Corbeau, vous êt's joliment mis,
Vous vous faites, pour sûr, habiller à Paris!
—Oui, répond le Corbeau, à ce propos railleur,
Puis il offre aussitôt l'adress' de son tailleur.

—Vraiment si votr' ramag'ressemble à votr'pal'tot,
Vous enfoncez Dupré, Lablache et Mario:
Chantez-moi donc quelqu'chose, une ariette, un rien,
Car dans votre famill'chacun est musicien.

Alors maître Corbeau, sans se faire prier,
Entonne sans façon le grand air du Barbier;
Mais, comme il faut ouvrir la bouche pour chanter,
Il laiss' tomber à terr' son fromage glacé.

Soudain, maître Renard, qui comptait là-dessus,
Saute sur le fromage et rit comme un bossu;
Puis il dit au Corbeau: «Vous v'là bien attrapé,
Vous n'êtes pas bien mis, vous n'savez pas chanter.»

En entendant ces mots, le Corbeau confondu
S'écri': «Dieu! quel malheur! le duel est défendu!

Je suis volé, dupé, maudit soit le destin!
Être doyen corbeau, passer pour un serin!

Or donc, de ces couplets la moral' la voici:
Corbeaux petits et grands, retenez bien ceci:
C'est qu'il est maladroit, a dit un vieux gourmand,
Quand on aim' le fromag' de parler en mangeant!

—

LA NÉGRESSE.

Un jour une mère cruelle,
Traînait sur les bords africains,
Sa fille unique, jeune et belle;
Une chaîne chargeait ses mains!
«Hélas! dit la pauvre négresse,
Où guidez-vous mes pas tremblants?
Oh! ma mère, l'effroi me presse,
Et vous allez me vendre aux blancs!»

«Mais votre sein me donna l'être,
Je suis l'enfant de votre amour,
Et j'irais, près d'un cruel maître,
Loin de vous, maudire le jour!
Ai-je mérité l'esclavage?
Oh! ma mère! quels dieux méchants
Vous conduisent, vers le rivage,
Où vous allez me vendre aux blancs?»

«Je protégeais votre vieillesse,
Je veillais sur votre repos;
Et pour une simple caresse,
Je bravais les vents et les flots:
Votre couche était toujours fraiche,
C'est moi qui cultivais vos champs:
Vous aviez ma chasse et ma pêche,
Et vous allez me vendre aux blancs?»

Elle pleurait encor sa mère,
Lorsque sa mère la vendait!
Et puis sur la rive étrangère,
Mourante, encore elle disait:
«Dieu! d'une mère qui m'oublie
Conserve en paix les vieux ans;
Qu'elle meure dans sa patrie,
Qu'on ne la vende pas aux blancs!»

«Loin du beau ciel de ma patrie,
Je vais mourir, et vous, hélas!
Sur le déclin de votre vie,
Qui vous soutiendra dans ses bras?
Avec le prix de votre fille,
Aurez-vous donc d'autres enfants?
Je suis toute votre famille,
Et vous allez me vendre aux blancs?»

—

LE SOLDAT ET LE BERGER.

Le soldat.

Vois-tu cette troupe guerrière
Déployer son noble drapeau?
Berger, laisse-là ta chaumière,
Et ta houlette, et ton troupeau.
Parmi les fils de la victoire,
Viens briller d'un plus noble éclat:
Quitte le repos pour la gloire,
    Fais-toi soldat!

Le berger.

Soldat, vois-tu ces eaux dociles
Suivre les pentes du coteau?
C'est l'image des jours tranquilles,
Qui s'écoulent dans ce hameau.
Ces lauriers, arrosés de larmes,

N'offrent qu'un bonheur passager;
Le nôtre est pur, quitte les armes,
Fais-toi berger!

Qui! moi, déserter la carrière
Que Mars ouvre à ses favoris!
M'ensevelir dans la poussière,
Chargé d'opprobre et de mépris!
Lorsqu'à mon bras le Ciel confie
L'intérêt sacré de l'Etat!
Mon sang est tout à la patrie:
Je suis soldat!

Le berger.

Des vrais amis heureux modèle,
En tout lieu mon chien suit mes pas;
Guidés par ce gardien fidèle,
Mes agneaux ne désertent pas.
Ma cabane échappe au tonnerre
Qui met les trônes en danger;
Des rois que me fait la colère?
Je suis berger!

——

LE DRAGON.

Vous m'demandez, ma tendre mère,
Si je me plais en garnison;
Et si j'prends le goût militaire
Depuis un mois que j'suis Dragon?

Refr. Je puis vous dir', ma bonn' maman,
Qu'il y a d' qnoi rire au régiment.

J'vous dirai, quant à la cuisine,
Qu'on a un' gamell' de ferblanc,

Et qu'c'est la pomm'd'terr' qui domine
Et le bifteck bien rarement.

J'bois, tous les jours, sans qu'ça les fâche,
Avec nos dignes officiers:
Le vin s'enfonce sous leurs moustaches,
Et moi j'ai l'plaisir de payer.

Chaqu'semain'.nous montons trois gardes;
Et tout le temps, dans c'noble métier,
Qu'on ne pass'pas à salir ses hardes,
On le passe à les nettoyer.

Tous les jours, trois heur's d'exercice,
Quand il grêl'comm'quand il fait beau;
Et puis l'on mang'd'la sall'd'police,
Pour apprendre à l'fair' comme il faut.

C'qui m'plait dans ma nouvell' carrière,
C'est qu'on m'fait monter un'jument
Qui s'dress' sur ses patt's de derrière,
Ni plus ni moins qu'un chien savant!

D'puis un mois comptez les culbutes,
Et par devant et par dernier;
Je tomb' trois fois par cinq minutes:
Il y a d'quoi rir' de voir mon nez!

D'après cela, je vous assure
Qu'on s'amus'dans l'état de troupier,
Comme un poisson dans la friture,
Ou comme un lièvre dans un panier!

POUR FAIRE UN NID.

Vous me demandez, Madeleine,
Comment les oiseaux font leurs nids?
Comment dans le duvet, la laine,
Ils abritent tous leurs petits?
Pour cette couche si fragile,
Surpassant tout travail humain,
Ils ont le chanvre, ils ont l'argile,
Ils ont le fétu du chemin!

Refr. Pour faire ce beau nid de mousse,
Il faut butiner tout le jour;
Il faut de la plume bien douce,
Beaucoup de soin, beaucoup d'amour.

Le rossignol a sa retraite
Dans l'ombre des bois verdoyants;
Plus confiante, l'alouette
A son nid dans l'herbe des champs;
Et l'hirondelle familière,
Sous le chaume du laboureur,
Bâtit son petit nid de terre,
Son nid qui vous porte bonheur!

La Providence en sa justice
Confond les faibles, les puissants;
Elle étend sa main protectrice
Sur ces nids, espoir du printemps;
Du ciel, elle veille sans cesse
Sur tous les petits des oiseaux,
Comme elle veille en sa tendresse
Sur les enfants dans leurs berceaux!

AU FONDATEUR DE CITEAUX,

LE PÈRE JOSEPH REY.

Voyageur suivant d'aventure
La rive du flot qui murmure,
N'entends-tu pas une voix pure
Gazouiller un nom doucement?
N'entends-tu pas, dans le feuillage,
Au milieu de leur gai ramage,
Les chantres ailés du bocage
Dire aux échos un nom charmant?

Ce nom. tout ici le répète:
L'humble et timide violette
L'enseigne, d'une voix discrète,
Aux insectes, aux gazons verts.
Le grand tulipier, dans l'espace,
Le dit au nuage qui passe,
A l'éclair qui brille et s'efface,
Au vent qui parcourt l'univers.

Ce nom me transporte et m'inspire;
Je sens les cordes de ma lyre,
Impatientes de le dire,
Frémir à l'envi sous mes doigts.
Joseph! .... C'est la sainte Espérance,
C'est la paix, l'honneur, l'innocence,
C'est la divine Providence
Apparue encore une fois.

Au petit enfant que son père
Abandonne dans la misère;
A l'orphelin, hélas! sur terre,
Privé du baiser maternel;
A l'infortuné dont la vie

Commencée à peine, est flétrie,
Il donne et refuge et patrie,
L'amour et le toit paternel.

Au malheureux qui le réclame
Il prodigue toute son âme,
Qui de charité, douce flamme,
Est le foyer mystérieux.
Jamais son amour ne repose:
L'enfant dort, mais le Père arrose
La verte récemment éclose,
Des saintes larmes de ses yeux.

Un jour, par lui les petits anges
Envoyés aux saintes phalanges,
Revinrent chantant des louanges,
L'emportèrent vers le bon Dieu.
Il est là-haut! mais il faut dire
Que dans l'air qu'ici l'on respire,
Et dans les œuvres qu'on admire,
Vivante est son âme de feu.

—

ADIEUX DES SOLDATS SUISSES.

Voyez du village,
Les toits fumer là-bas,
Nous partons, courage!
Courage aux soldats!
Tra, la, la, la, ...

Fils de la patrie,
Là, sans doute à genoux,
A cette heure, on prie
Pour elle et pour nous.

Lieu qui m'a vu naître,
De ces monts je te vois:
Hélas! c'est peut-être
La dernière fois.

Ma mère si tendre,
Craignant les coups du sort,
Tremble, un jour, d'apprendre
Ma gloire et ma mort.

Mais folie extrême!
Allons, c'est mon espoir!
Sauver ceux que j'aime,
Et puis les revoir!

LE CALME.

Voyez! la mer tranquille
Ressemble au ciel d'azur;
Et sur le flot docile,
Glisse un air frais et pur.

Refr. Ah! sur la mer si belle,
N'allez pas voyager;
La mer est infidèle,
Et le temps peut changer.

La vague calme et douce
Arrive jusqu'à nous,
Et jette sur la mousse
Mille parfums plus doux.

Sur cette pauvre plage
Il n'est que peu de fleurs,

Mais sur l'autre rivage
Peut-être il est des pleurs!

--

LES CAS DE RÉFORME.

Refr. Y a des gens en France
     Qu'ont vraiment pas d'chance;
     Ah! Ah! oui, qu'y en a:
     A preuve qu'y en a,
     C'est que j'suis d'ceux-là.

A la loi du sort
J'allions satisfaire;
Mais j'savais m'n'affaire,
D'un sorcier qu'est mort;
Je m' dis: Babylas,
A pas peur, courage!
J'arrive au tirage,
C'est moi qu'attrapp' l'as.

Pour me reviser
Voilà qu'on m'appelle:
Je m'creus'la cervelle,
Pour m'fair'refuser.
—M'ssieurs les gros bonnets,
J'sis fils aîné d'veuve.
—Gredin! c'papier preuve
Que t'es le cadet.

—J'm'en vas du poumon,
Que j'dis, ce qui l'prouve,
C'est qu'tout c'que j'éprouve
M'descend dans l' talon.
Comme j'allais passer
Pour être poumonnaire,

D'un' voix de tonnerre,
J'moublie à tousser.

J'ai, dis-je en clignant,
La vu' des moins nettes;
On m'pos'des lunettes
D'un verre effrayant:
Pas mêch' d'y rien voir;
On m'présente un'rose:
Nomm', qu'on m'dit, la chose?
J'réponds: Un grattoir.

Autrement, j'm'y prends:
Je m'dis sourd; ça blesse
Le major qui laisse
Tomber comm'cinq francs.
Un piège est là d'ssous;
Mais moi qui suis bête,
Je r'tourne la tête,
Et j' ramass' deux sous.

Enfin l'a-t'on vu
Un pareil contrôle?
J'm'arrondis l'épaule,
J'allais m'fair'bossu:
Quand, juste à l'endroit
Où s'met la giberne,
Je sens qu'on m' décerne....
L'ordre d' marcher droit!
—

AIMEZ.

Aimez, aimez qui vous aime,
Et surtout n'oubliez pas
Qu'aimer est la loi suprême
De chaque chose ici-bas;

Le veillard aime la terre
Où jadis fut son berceau,
Comme autrefois à la guerre,
Jeune il aima son drapeau.

Le pauvre aime sa chaumière.
Si belle au soleil levant,
Et de pampres et de lierre
Toute verte par devant.

Le merle aime l'aubépine,
Les fruits rouges des buissons,
Et l'alouette mutine
L'épi mûr dans les sillons.

Le muguet, la violette
Aiment l'ombre des sentiers,
Et la génisse l'herbette
Tout le long des peupliers.

Le saule sur la rivière
Aime les baisers de l'eau,
Et le chien de la bergère
Aime les cris du troupeau.

Le pâtre dans la campagne
Aime à suivre ses moutons,
Pendant que, sur la montagne,
L'écho redit ses chansons.

La faux aime l'herbe drue,
La feuille aime le printemps,
Le laboureur sa charrue,
Et tout poëte les champs.

Le riche aime la fortune,
L'ambitieux les honneurs,
Les rêveurs le clair de lune,
Et les papillons les fleurs.

De son fils la jeune mère
Aime les regards touchants,
Et le bon Dieu la prière
Des petits, petits enfants.

———

LES LARMES DU BON DIEU.

Frêle bouton, sur une tige,
Tu ne sais rien de ton destin;
De ses baisers le vent t'afflige,
Dois-tu mourir à ton matin?
Non, tu deviens la fleur chérie
De l'insecte aux ailes de feu;
Charmante fleur, qui t'a fleurie?
Ce sont les larmes du bon Dieu.

Petit ruisseau, dans une plaine,
Tu refraîchis le voyageur;
Tu donnes la vigueur au chêne,
Tu donnes la grâce à la fleur.
Mais si ta source était tarie,
L'homme à tes bords dirait adieu.
Source, l'été, qui t'a nourrie?
Ce sont les larmes du bon Dieu.

Sur les côteaux, les blés jaunissent,
L'oiseau joyeux dit sa chanson;
Dans nos jardins, les fruits mûrissent,
Du laboureur c'est la moisson.
Mais ces trésors dont vit le monde,

Le travail seul en produit peu!
Terre, sais-tu qui te féconde?
Ce sont les larmes du bon Dieu.

—

LE BIEN.

Pour être heureux et fier en cette vie,
Laissez monter votre âme vers le Bien.
Hors lui, mon fils, rien n'est digne d'envie,
Sans lui, mon fils, tout le reste n'est rien.

Au printemps de vos jours, aimez pour qu'on vous ai-
C'est avec le passé qu'on bâtit l'avenir,   [me,
Et plus tard, mon enfant, c'est un bonheur suprême
Que de se reposer au lit du souvenir.

Respectez le palais, protégez la chaumière;
Dans les fardeaux d'autrui, prenez votre moitié:
N'oubliez pas que Dieu, quand il fit la misère,
Bien vite, au cœur du riche, envoya la pitié.

Ayez des pleurs pour tous, et pour tous un sourire:
La joie et la douleur sont deux sœurs ici-bas,
Et lorsqu'auprès de vous on chante ou l'on soupire,
A qui souffre ou prospère, enfant, ouvrez vos bras.

Quand vos yeux, en naissant, s'ouvraient à la lumière,
Chacun vous souriait, mon fils, et vous pleuriez;
Faites si bien, qu'un jour, à votre heure dernière,
Chacun verse des pleurs et que vous souriiez.

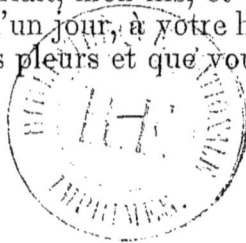

TABLE ALPHABÉTIQUE
DES CHANSONS.

150

Fin